文心经典

顾之川 主编

谭正璧 著

习作初步

文心出版社
· 郑州 ·

谭正璧

習作初步

覃正璧編著

棠棣出版社出版

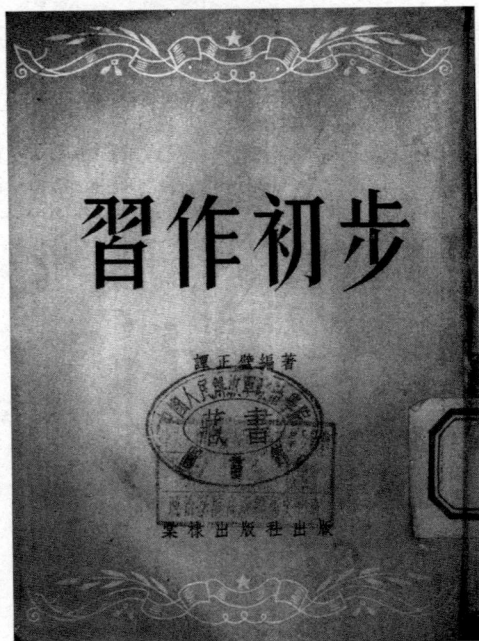

《习作初步》棠棣出版社 1953 年 8 月初版

总　序

◇顾之川

我国古代有所谓"三不朽"之说，指立德、立功、立言。其中"立言"就是指著书立说，而且要具有真知灼见。立言本来有两种形式，可以是口头表达，也可以是书面表达，即写成文章。但由于我国文化教育传统一向重文轻言，重书面语而轻视口语，所谓"君子欲讷于言而敏于行"（《论语·里仁》），"言多必失"，"祸从口出"，所以书面写作就成为古人"立言"的主要表达方式。曹丕《典论·论文》所谓"盖文章，经国之大业，不朽之盛事"就是指文章写作。

一个人的语文素养是其综合素质的重要标志，具体表现为听、说、读、写等基本能力，其中写作能力又是其语文素养的综合体现。孔子在《论语》中说："词达而已矣"，"言之不文，行而不远"。美国最新公布的 SAT 考试[1]方案，也只考论据阅读与写作、数学、作文，不仅阅读中有写作，还要单独写一篇作文。可见，运用语言文字表情达意的写作能力是中外衡量人才的共同标准，作文教学因而也成为古今中外母语教学的重要组成部分。

在我国文化教育史上，曾经涌现出一大批杰出的教育家和文学理论家，他们留下了丰厚的经典著作，是我国优秀文化遗产的一个重要组成部分。其中有些著作，记录着他们在作文教学方面的真知灼见。这些经典著作及蕴涵其中的作文教学理论，是我们今天研究作文教学乃至语文教育的丰富矿藏，也是珍贵资源，值得珍惜。刘国正先生在中国教育学会中学语文教学专业委员会第七届年会暨庆祝成立 20 周年大会（1999 年 10 月，天津）开幕词中说："多年来，我们积累了许多经验，依我看，至关重要的至少有两条。一是正确处理继承和发展的关系，在继承中求发展。我国语文教育的传统，从孔夫子到叶圣陶，历史悠久，博大精深，是一个内涵无比丰富的宝库。我们要尊重传统，科学地加以分析，吸取其中一切积极因素，以为发展当今语文教育的滋养。踢开传统，只能使自己贫困，带来灾难性后果。二是正确处理自

---

[1] SAT 考试：即学术能力评估测试。考试成绩是世界各国高中生申请美国大学学习和奖学金的重要参考。

立与引进的关系。首先是自立，神州大地是我们的立足点。我们有水平很高的语文教育家，有成效显著、风格各异的语文教改经验。我们是富有的。对于自己的东西要充分重视，助其发展和推广。同时，又要把中国语文教学放在世界这个大视野里来观察，不断更新教学观念。对于国际上任何先进的东西、新鲜的东西都要认真加以研究，其中适合我国国情与教情的都要拿来，使之融入自己的肌体。自我封闭只能导致僵化和落后。总之，不管是过去的还是今天的，不管是自己的还是他人的，只要是有益的，我们就要认真地吸取。山不厌高，水不厌深，立足大地，不断革新。"〔1〕这是对鲁迅"拿来主义"思想的继承和发展，应该成为我们研究语文教育的基础和指导方针。

摆在读者面前的这套"文心经典"丛书，是由文心出版社组织策划出版的一套经典丛书，也是我国近现代教育大家的作文论代表作。所谓经典，是指传统的具有权威性的著作，这类著作往往以立意高远、见解深刻而穿越时空，因而能够常读常新，永不过时。如我国的《诗经》《楚辞》、诸子百家散文、唐诗宋词、明清四大名著等。在我看来，收入"文心经典"的著作，对于我们当前的作文教学来说，至少

---

〔1〕 中国教育学会中学语文教学专业委员会编《21 世纪中学语文教学展望·序》，新蕾出版社 2003 年 4 月版。

具有以下三方面的价值和意义。

一是发挥作文经典著作的参考价值。这些著作在我国语文教育史上都堪称经典，但有些为作者主要成就的盛名所掩（如梁启超、唐弢、朱德熙等），过去不大为人所知；有的是就语文教育的某一方面来阐发，内容相对分散。现在将其统一规划，整合出版，与语文教育研究的诸多内部要素形成互补，相互映衬，无疑对中国语文教育研究具有十分重要的参考价值。二是作文论的学术积累意义。这些著作或就文章写作，或就阅读方法，或就作文之法，或就文章语言等方面，或作系统阐述，自成一说；或为零散示范，具有可操作性。无论哪一领域，哪一方面，或采取何种表述方式，提出何种理论方法，都具有很高的学术价值，理当得到传承和发扬。三是对写作教学的指导意义。这些著作因其自身都具有很强的指导意义，再附以相关语文教育专家的导读，可以将其作文教学的理论成果更好地应用于作文教学实践，从而发挥其应有的指导作用。

为了帮助读者阅读，我们邀请国内对作文教学具有相当研究的专家为每部著作写一篇导读。需要说明的是，这些导读文字不作统一要求，有的是对经典名著的作者做简要介绍，侧重于作者在语文教育方面的活动、在阅读写作或语文教育上的地位和突出贡献，有的侧重于介绍该经典著作的基本思想和主要观点，有的侧重于该经典名著的价值与影响。

习作初步

一般不作考据性研究。在写作风格上也充分尊重作者的个性特点。具体分工是：

"文心经典"第一辑：

温立三：吕云彪、戴渭清、陆友伯《白话文做法》；

顾振彪：叶圣陶《作文论》；

顾之川：周侯于《作文述要》；

陈尔杰：汪馥泉《怎样做文章》；

顾振彪：夏丏尊《文章讲话》；

顾振彪：沐绍良、方健明《写作指引》；

温立三：朱德熙《作文指导》；

方麟：谭正璧《习作初步》；

顾之川：唐弢《文章修养》。

"文心经典"第二辑：

王鹏伟：陈望道《作文法讲义》；

潘新和：梁启超《中学以上作文教学法》；

刘锡庆：高语罕《国文作法》；

温立三：夏丏尊、刘薰宇《文章作法》；

张伟忠：章依萍《作文讲话》；

管然荣：顾凤城《实用作文法》；

方麟：周乐山《作文法精义》；

王土荣：郭挹清《中学作文法》。

······

我们希望通过这些导读文字，能为广大读者阅读这些经典名著提供些许帮助。当然，导读文字尽量做到客观、公允，但也难免会有作者的一孔之见，这是要请各位读者明鉴的。

文心出版社是我国唯一的一家专业作文出版社，由作文而及教育，由教育而及大众和专业出版，因而形成了鲜明的品牌特色。按照计划，这套丛书以后还将陆续推出阅读及语文教育方面的经典著作。我们期待着该社出版更多语文教育类学术精品，以繁荣我国语文教育研究，惠及广大语文教育工作者，更期待着我国语文教育研究繁花似锦，春光满园！

2015 年国庆节
于京东大运河畔之两不厌居

《习作初步》 导读

方 麟

　　谭正璧先生主要从事中国文学史研究工作，一生笔耕不辍，著作等身。其《习作初步》出版于1953年，时任上海棠棣出版社总编。全书分为四部分，导言述全书宗旨，上篇讲选用词语，中篇言构造句子，下篇论组织文章。

　　与一般写作概论不同的是，谭先生的《习作初步》更偏重写作技术层面的指导，这点我们从全书的篇章分布也可以看出来，选词、造句占了全书三分之二的篇幅。作者力图将写作这座迷宫拆解开来，让我们看到它的地基、砖瓦、结构、布局、空间、装饰与环境，为初学写作者破除写作的迷信与建立写作的自信，夯下坚实的基础。如作者所言："文章是联络许多句子组织成功的，句子是联络许多词语组织成功的；所以词语是句子的组织单位，句子是文章的组织单位。因此，我们要学习写作技术，必须从学习选词、造句入手，再一步步地深入。从这样学习过程中所得到的技术知识，才能坚固而充实，才能真正的在实际写作中获得有效的帮助。"

正因为此，《习作初步》一书，绝不是所谓高头讲章式的鸿篇巨制，它更接地气，更有人情味，更注重一招一式的习得，拳拳生风，掌掌见肉，一鞭一条痕，一掴一掌血。读者倘能沉潜下来，是能深得个中三昧的。

作者将词语的种类分为指称词、叙述词、描写词、判断词、表达词、联络词，分类的依据，或许与时下的现代汉语词类标准不同，但情与实却是一致的。读者细绎文意，自然了然于胸。作者认为，选词的标准是纯粹、正确与适合。

所谓纯粹，就是尽可能选用大众熟悉的词语，而不是古代的、文言的；就是依照习惯使用的，而不是随意杜撰的；就是本国民族自有的，而不是外国语写就的；就是全国通行的，而不是某个地域方言；就是日常的生活用语，而不是专家学者的冷僻术语。这里的纯粹，就涉及语言中的基本语汇和一般语汇问题。基本语汇是语汇系统的基础和核心，具有产生历史长、使用范围广和构词能力强三大特点。基本语汇以外的那一部分即一般语汇，包括古语词、方言词、外来词、新造词等。作者举例道："伤口的血点点地向外泫流"，"'泫'是一种怎样的流法，已不易用现代语来做明确的解释。像这类的文言词语，辞藻虽然美丽文雅，但为大众所不能了解，所以也以不用为宜。"我们惊喜地注意到，作者谈写作，并不是好为空言，故弄玄虚，而是能导入现代语言学知识。他谆谆告诫初学写作者，语言的核心就是基本词汇，没有什么虚头巴脑的玩意儿。掌握了基本词汇，我们完全有能力写好文章，这种心理暗示与精神鼓励，对于初学写作者来说，是特别难得的。

关于正确，作者提出要注意辨别类义词，分别单双音词，同词异用与异词同用等问题。辨别类义词相当于今天说的近义词辨析，单双音词则是古汉语发展到现代汉语的特有现象，同词异用与异词同用其实涉及语言的修辞问题。比如"冷"字，"今天真冷"与"小心打冷枪"，一个用的是本义，一个用的是比喻义；"今天好不容易，碰上个晴天"与"好容易才换来个集体的痛快的营生和集体的痛快的生活"，这里的"好不容易"与"好容易"其实是一致的。可见，同词可以异用，异词也可以同用。此等处都是语言最细微紧密的地方，作者特地予以拈出，俾读者细细体察。这种对词语的精挑细选，正如福楼拜对莫泊桑所说："所有要说的事物，都只有一个词来表达，只有一个动词来表示它的行动，只有一个形容词来形容它。因此就应该去寻找，直到发现这个词，这个动词和这个形容词，而决不应该满足于'差不多'。"

至于适合，作者认为关键是要适合本体，适合情况，适

合身份。这就关系到写作的语境问题，也是初学写作者容易
忽视的地方。

上篇的结尾，作者有意开辟出"词语的活用"一节，分
为替换、借代、寄托、伸缩与移用五点。替换是为了避免语
言重复，利用意义相同而词形不一样的词语，互相交替着使
用，使文章显得简洁而生动。借代是现代汉语常见的修辞手
法，可以特征代本体，专名代本体，具体代抽象，局部代整
体。作者所说的寄托，则包含了修辞中的双关、比拟和譬
况。伸缩是为了使语言流利和简便，把短的词语伸长，把长
的词语缩短，如"差错"之于"一差二错"，"劳动模范"
之于"劳模"。移用，包含了修辞上的拈连、移就和摹状。
凡此种种，都关乎修辞学知识，不可不察也。

中篇构造句子，作者将句子的种类，分为叙述句、描写
句、判断句、表达句和联络句，其中的联络句，相当于我们
现在说的复句。作者认为，造句的条件是明确、简洁和统
一。

造句明确，除了常规意义上的形态正常，语法成分各归
其位以外，还讲究意思上的完整。作者强调："一般的漏掉
词语，比较的容易发现，问题是在有些词语，照语法规律来
讲，因为上下文重复，或整个句子重复，可以只留其中的一
个，而把其余的省去，或改用代词来代替；但从修辞来说，
为了加重语气，或是加强印象，必须把同一的意思反复或是

重复的表达。如果把这一种词语或句子也省去了，却一时不易发现出来，只觉得整个句子语气无力，印象模糊。这样，意思就不完整，也就不能明确地表达出作者所要表达的意思。"我们试看下面的例子："金子再也不悲伤了，金子高兴的笑了，金子眼前一切都是新的。"通过主语"金子"的再三重复，无疑强化了金子欢欣鼓舞的状态，这比简单使用一次主语，效果要好多了。此外，造句明确，还有时空关系、数量关系和条件关系上的具体要求，读者自可按图索骥，详加玩味，这里就不详论了。

　　简洁，可以说是句法的灵魂。作者认为："一个句子所用的词语，应当有的就用，不应当有的就不用，不能少用一个，也不要多用一个，要用得恰恰符合句子的需要。"诚然，语言的使用，确乎是"增之一分则太长，减之一分则太短；著粉则太白，施朱则太赤"，要秾纤得衷，修短合度。如何做到句子简洁呢？作者开出的方子，计有三昧：省略习惯上可省的词，省略语法上不用的词，省略不必要的重复语或同义语。省略，即鲁迅先生说的删削："写完后至少看两遍，竭力将可有可无的字、句、段删去，毫不可惜。"

　　造句的第三个条件是统一，不但组织形式要一致，思想、语汇、语言也要求一致。这属于语言逻辑方面的要求。试看作者说的思想一致，书中举杨朔《三千里江山》为例："半空里密密点点，纷纷扬扬，正飞着漫天大雪。"前面既说

"半空里"，后面又说"漫天"，意思上当然有矛盾。说明即使是大作家的作品，若细细推究起来，也是有瑕疵的。读者于此，应具备自己的独立判断。

中篇的结尾，作者同样辟出一节，专门讨论句子的变化。变化句子的方式，包括变更词位、改造内容、巧构形式、转换语气和加深印象。如《荷花淀》里的"怎么了，你?"我们现在一般称为主语倒装，在作者的类别中属于变更词位。孙犁通过词语位置的变更，将《荷花淀》中等待丈夫归来的女人焦虑心情表露无遗。其他如改造内容、巧构形式、转换语气和加深印象，涉及譬喻、比拟、对偶、拈连、设问、反诘、夸张、反衬等修辞方式，属于句法的进阶篇章。

下篇组织文章，作者将文章分为叙述文、描写文、判断文和表达文。叙述文不论，描写文相当于现在写景状物的散文，判断文相当于现在的说明文和议论文，表达文相当于现在的抒情散文。文章的结构，作者分别从分段、开头和结尾三方面来讨论。

在作者看来：从内容讲，一个段只能有一个中心思想；从外形讲，一个段也只须有一种统一的形式。段落的成立，以意思类似、主题单一为前提。具体来说，分段的标准有：空间的位置，时间的段落，事迹的变移，说话的起讫，思想的发展，独立的主体。此外，作者说开头种类，可以抬出题目、规定材料、酝酿内容、提示要点、布置人物环境，说结尾种类，可以总结全文、照顾题目、扩展思想、联系将来、加深印象。这些体会，都非过来人不能道也。

下篇的结尾，作者谈到文章的表现，人物要典型，心理要逼真，故事要新颖，环境要相配，也是从篇章要求提出的更高要求。

通观全书，作者将习作分为选词、造句与篇章三个板块。每个板块都是先分类，然后提出标准、条件与结构，最后注重活用、变化与表现，即类别、标准和运用三个栏目。作者带着我们参观了写作的整个流程，从地基的夯实，到砖瓦的选择，到结构的设计，到布局的开张，到空间的确立，到装饰的确立，到环境的营造，我们得以了解作品的内在分子、结构与肌理。写作，正是由一砖一瓦，一词一句，一段一篇，累积而成。七宝楼台的炫光，从此不再迷离；语言世界的魔方，原来这般可爱。

其实，只要你愿意，你也能成为一个好的写手。那么，就从阅读谭正璧先生的《习作初步》开始吧。

目录

导　言

　　文章是传达思想、发抒情感的工具，它必须能够写出恰如作者所要传达的思想和所要发抒的情感，才能算是真正的完成了它所担负的任务。所以，必须获得种种有关写作的技术知识，在一个学习写作的人是非常重要的。当然，不正确的思想，不健康的情感，也同样可以用文章来传达、来发抒，因此，作为一个学习写作的人，除了必须获得种种有关写作的技术知识之外，培养正确的思想和健康的情感，也是非常必要的。

　　因为，思想、情感是文章里必不可少的内容，写作技术乃是讲求如何组织文章外形的方法；没有内容固然不能产生外形，但没有外形也无从寄托内容，所以两者应该互相依附，而不应该有所偏重的。一个要求进步的作者，他无论对于文章的内容方面与外形方面，都应该确守一种共同一致的态度，就是要"力求真实"。一切的写作都是为了要表现"真实"，也就是要传达"真实"的思想，发抒"真实"的情感，所以我们学习写作技术，更须要从"力求真实"入手。用这样态度来学习写作技术，他所学得的一切，一定将不会是不正确、不适合的。

但是文章是联络许多句子组织成功的，句子是联络许多词语组织成功的；所以词语是句子的组织单位，句子是文章的组织单位。因此，我们要学习写作技术，必须从学习选词、造句入手，再一步步地深入。从这样学习过程中所得到的技术知识，才能坚固而充实，才能真正的在实际写作中获得有效的帮助。如果跳过了选词、造句，一开始就学习组织整段、整篇的文章，那是没有经过初步学习，而就作进一步的学习，结果，只能得到一些不切实用的浮泛知识，甚至只是一种空无所有的议论，至多也只能懂得如何去构造一个空洞的轮廓，而它的内部机构，往往是不坚固、不适合、不健全的。这样的文章，怎能完成传达思想、发抒情感的任务呢？因此，学习写作技术必须从学习选词、造句入手，确是非常切合实际的。

语法也是以分析句子的构造、说明词语的作用为它的主要任务，所以凡是一个学习写作的人，都应该分一部分工夫来学习语法，而获得一般的语法知识。修辞是专讲词句必须怎样组织、怎样运用，才能产生更大的效果的，所以和写作技术更有着密切不可分离的关系，更为一个学习写作的人所应注意学习。不过，语法、修辞所讲的，只以部分为主，也就是专从以一词一句为单位来下结论；写作技术所讲，乃是从大体出发，也就是以整段、整篇为主体，虽然也讲选词、造句，但都是从整段、整篇出发来作说明和论断的。

本书也以"力求真实"为原则，专讲有关写作的初步技术知识，所以所讲不辞细微琐碎，而不作空洞的理论，务求对于一个初学写作的人确实有所帮助。同时，因为它又是抱着和基本语法、修辞新例同样目的编写的，所以它和上述两书是连续三部作，因之，一部分语法、修辞在写作技术中的效用，在前两书中没有写得详尽，甚至没有写到的，在本书里尽量地发挥、补充。但在体例上却有一个和前两书不同之点，就是：为了事实上的需要，本书里讲"应该怎样写"的时候，往往同时也讲"不应该这样写"，因此，各种例子，都是两方面兼收并引。但在这上面却引起了一个问题：就是"不应该这样写"的例子应该从什么地方去发现呢？结果，却大部分就从引用"应该怎样写"的例子的同一书中得来。原因是由于我们如果严密一些去观察，那么任何一本有名作品，在选词、造句方面，要绝对没有一些疵病，几乎是不可能的；否则为什么历史告诉我们；一个大作家往往不辞三番五次的修改他的作品呢？（当然，这里面也有不专修改外形，而兼改内容的。）就像我这本专讲写作技术的小书，在外形和内容方面，一定也难免有种种意想不到的谬误的。所以，在一篇或一部已为大众所传诵的作品里，发现一个用得不很适当的词语，或是一句有毛病的句子，并不是什么可以大惊小怪的事。批评与自我批评之可以适用于每一个人，被认为是一种真理，也就是这个道理。

最后，附带谈一谈关于本书内容的安排。本书分为上、中、下三篇：上篇专讲怎样选用词语，由词语的分类讲起，讲到选用词语的各种标准，以至种种活用方法；中篇专讲怎样构造句子，从句子的分类讲起，讲到构造句子的各项条件，以至种种变化原则；下篇专讲怎样组织文章，也由文章的分类讲起，讲到文章的组织结构，以至一般的表现方法。一般讲写作技术的书，往往只讲文章组织，而不注意选词、造句，本书却认为选词、造句是写作的最基本技术，基本技术如果不熟练，无论怎样不会写出好文章来的，正和用一条条粗糙的、腐烂的丝条，无论怎样巧妙地去编织，总不会编织成精美的绸缎一样。因此，本书的上、中两篇，讲得特别详尽，下篇反而比较简略。下篇反而比较简略的另一原因，是由于本书只是"习作初步"，应该特别着重初步知识，进一步的详细讲述各体文章的写作技术，应该让给比较更专门性的书里去讲，本书只能就一般性的都约略谈到一些。

上编　选用词语

一　词语的种类

写作上的词语种类，完全是依据它们在文章里所起的作用来区别的，所以和语法上依据词语的本质和它们在句子里的成分来区别的有所不同。

写作上所用的词语，大约可以分为如下的六类，就是：一、指称词；二、叙述词；三、描写词；四、判断词；五、表达词；六、联络词。为了容易区别起见，后面都引用组织在句子里的做例子。

指称词

文章里写到任何事物的本体，不论有没有形象，都有一个假定的名称；用来指称这些事物本体的假定名称的词语，我们就叫它做指称词。

指称词可以有如下的八种作用：

ㄇ、指称事物的个体　例如：

　　1. 大娘生了三个女儿。(《正月》)
　　2. 花丛里，逗留着红翅膀的蝴蝶。(《开不败的花朵》)
　　3. 桌子只有三条腿。(《老胡的事》)

ㄆ、指称事物的集体　例如：

　　1. 你们这是从哪里来的队伍呀？(《三千里江山》)
　　2. 咱是学校看门的。(《桑干河上》)
　　3. 一丛丛的树木、竹林，绿得像翡翠一样好看。(《火光在前》)

一、指称事物的质料　例如：

　　1. 有意无意地打着路上的土块儿。(《黄敏儿》)
　　2. 刘巧就止住眼泪，喝了几口开水。(《刘巧团圆》)
　　3. 你和面，我烧柴放火，咱们作饭吧。(《张玉兰参加选举会》)

二、指称事物的意象 例如：

1. 一个吓人的消息传到新河集。(《活人塘》)
2. 他的问题多的很。(《仅仅是开始》)
3. 这都是老恒元的古规。(《李有才板话》)

万、指称事物的形态 例如：

1. 他很惊异这个女孩子的秀丽。(《老胡的事》)
2. 他才趁着混乱跑出来。(《仅仅是开始》)
3. 你想在我眼睛底下玩滑头吗？(《为孩子们祝福》)

勹、指称事物的行动 例如：

1. 识字班的课程第一是唱歌。(《吴召儿》)
2. 随便打了个招呼。(《李有才板话》)
3. 休息是讨厌不过的事情。(《决斗》)

六、指称事物的时间 例如：

1. 这二年生活好些，却常常想起那几年的艰苦。

（《吴召儿》）

2. 正二月间，正是环境残酷，白洋淀的人们没法生活的时候。（《采蒲台》）

3. 正是冬天，快要过旧历年节了。（《走出以后》）

3、指称事物的地位　例如：

1. 太阳已经大偏西了。（《决斗》）

2. 旁边有个参谋在悄悄议论。（《火光在前》）

3. 大官亭是镇阳县有名的富村。（《石猴》）

叙
述
词　　任何事物的本体，在它有所活动的时候，必定表露出一种动的形态或情况，使我们能够看到或听到；用来叙述这些能够看到或听到的动的形态或情况的词语，我们都叫它做叙述词。

叙述词可以有如下的五种作用：

冂、叙述事物的动作　例如：

1. 鹈鹕在天空飞来又飞去。（《开不败的花朵》）

2. 真叫人哭也不是，笑也不是。（《歪脖子兵》）

3. 忽然一颗炮弹在旁边爆炸了。（《仅仅是开始》）

夂、叙述事物的变化 例如：

1. 一提起打仗，他就脸色发白。（《新儿女英雄传》）
2. 这不成了冻猪肉啦。（《三千里江山》）
3. 假大头这会要变真大头啦呀！（《李有才板话》）

一、叙述事物的性态 例如：

1. 父母都死了。（《仅仅是开始》）
2. 他觉得脚骨上好像被刀砍了一下，痛得发昏。（《不疲倦的斗争》）
3. 决心是爱就爱，不爱就算了。（《在零下四十度》）

匚、叙述事物的功能 例如：

1. 他在组织七连渡河。（《火光在前》）
2. 觉得身上也增加了力量。（《仅仅是开始》）
3. 刘旅的炮营也来配合咱们。（《决斗》）

万、叙述事物的声音 例如：

1. 这一夜，他俩一直唧咕到天明。(《幸福》)
2. 只听见风卷雨扑，和打桿的声音，哗啦啦，哗啦啦的响成一片。(《新儿女英雄传》)
3. 枪声上下卡卡直响。(《开不败的花朵》)

> 描写词

任何事物的本体，它必有一种静的形态或现象表露在外面，使我们能够感觉得或意识到；用来描写这种我们所能感觉得或意识到的静的形态或现象的词语，我们都叫它做描写词。

描写词也可以有如下的五种作用：

ㄅ、描写事物的性质 例如：

1. 蒙古老百姓是很强悍的。(《开不败的花朵》)
2. 周小蛮机警地一歪身子，滚到一个小沟渠里。(《新的开始》)
3. 团长的声音，像斩钉截铁一样果决。(《决斗》)

ㄆ、描写事物的状态 例如：

1. 老胡才看出那个叫梅的姑娘十分可爱。(《老胡

的事》)

2. 这女孩子有十六七岁，长的很瘦弱。(《看护》)

3. 战争的冬天原野，显得万分凄凉。(《决斗》)

一、描写事物的程度　例如：

1. 地基很高，可以看得很远。(《老胡的事》)

2. 七月是南方火热的季节。(《火光在前》)

3. 大地的巨烈〔1〕震动，把我从梦中惊醒过来。
(《决斗》)

二、描写事物的数量　例如：

1. 一个通信员跑来，递给连长一张纸条。(《仅仅
是开始》)

2. 五六年前就不知道他家的人都到那里〔2〕去了。
(《火光在前》)

3. 党不但还要你，而且得更爱护你。(《为了幸福
的明天》)

---

〔1〕 巨烈：今写作 "剧烈"。
〔2〕 那里：今写作 "哪里"。 此类后同。

万、描写事物的色彩 例如：

1. 白的是面粉，红的是高粱面。(《向敌后进军》)
2. 敌人掩蔽部里放射出淡黄色的灯光。(《新的开始》)
3. 大部被火药熏得乌黑。(《决斗》)

```
判
  断
    词
```

抽象的判断事物的本体或事物的活动是否存在，是否真确，是否……我们就必须用判断词。判断词是近于主观性的，但它也是根据观察事物的客观形势来决定的。

判断词可以有如下的七种作用：

勹、判断事物的是非 例如：

1. 解放军真是我的再生爷娘。(《歪脖子兵》)
2. 任桂花不是那样能干的妇女。(《高干大》)
3. 胜败乃兵家常事。(《三打祝家庄》)

夂、判断事物的有无 例如：

1. 王府里有一个小孩。(《开不败的花朵》)
2. 敌人怎么也没动静啊？(《仅仅是开始》)

3. 大概也没有什么不妥当。(《李家庄的变迁》)

一、判断事物的在否　例如:

1. 工人们三个一堆五个一起的在说闲话。(《五号码头》)

2. 旁人说:"大水不在。"(《新儿女英雄传》)

3. 存在的只有一个意识——消灭敌人!(《铜墙铁壁》)

匚、判断事物的同异　例如:

1. 模样很像是李文有。(《孙颜秀》)

2. 每个人的心里各不相同。(《地覆天翻记》)

3. 也许还不如理想。(《红花朵朵开》)

万、判断事物的可能　例如:

1. 能找下证人不能?(《李家庄的变迁》)

2. 自然会给你们满意的答复。(《高干大》)

3. 这样仿佛可以减轻一些痛苦似的。(《为了幸福的明天》)

夘、判断事物的应然 例如：

1. 我应当眼向前看。(《火光在前》)
2. 我该打，我该死。(《地覆天翻记》)
3. 我先哭，我先哭，我得先哭。(《三千里江山》)

大、判断事物的必然 例如：

1. 这个是十分必要的。(《李家庄的变迁》)
2. 地面上完准有股小水流。(《三千里江山》)
3. 这回的线，一定要算头等。(《高干大》)

┌─────┐
│ 表 │   叙述词叙述事物外表的活动现象，表达词
│ 达 │ 却是表达事物内在的活动状态的。这些活动状
│ 词 │ 态，包括意志、感情、思想等，全靠用一定的
└─────┘ 表达词才能把它们表达出来。

表达词只有如下的三种作用：

勹、表达事物的志愿 例如：

1. 你愿意把我当你一个朋友看待的话，有话尽管说好了。(《浅野三郎》)

2. “我用不着，我情愿死！”（《新儿女英雄传》）

3. 老子要回老家去，儿子不肯去。（《地覆天翻记》）

4. 他已决定不等二十里外的姊姊来会面，就动身回部队了。（《火光在前》）

ㄆ、表达事物的情感 例如：

1. 吓呀，小梅可进步多多啦！（《新儿女英雄传》）

2. 咳，上那里告去？（《白毛女》）

3. 哈哈！嘿嘿！你原来还是老样子！（《三个朋友》）

4. 呸！自家人，谁跟你是自家人！（《五号码头》）

ㄇ、表达事物的意思 例如：

1. 鬼子都走了吗？（《浅野三郎》）

2. 同志，你说呀！（《向敌后进军》）

3. 现在家里连一粒米一根柴也没有了。（《韩秀贞》）

4. 是我叫他到这儿来的。（《红旗歌》）

<table>
<tr><td>联
络
词</td><td>前面所讲的五种词语，都可以用来写述单是属于一个事物本体所有的诸现象，联络词是用来联络事物和事物间的相互关系的，所以必须同时写述两个或两个以上事物的各种现象才</td></tr>
</table>

能用着它。

联络词共有如下的八种作用：

ㄅ、联络事物的并列关系　例如：

1. 王明穿过无数的桃树和杏树。（《浅野三郎》）

2. 王有大又羞愧又气愤地说。（《红花朵朵开》）

3. 不但一起打过仗，还一起流过血呢！（《三千里江山》）

ㄆ、联络事物的主从关系　例如：

1. 云南是我底〔1〕故乡。（《哀诗人闻一多》）

2. 他容易接受新的东西。（《桑干河上》）

3. 王大富慌张地走到沟口迎接。（《赤叶河》）

---

〔1〕 底：今写作"的"。 此类后同。

一、联络事物的选择关系 例如：

1. 不是昏迷过去，就是断气了。(《为了幸福的明天》)

2. 王明默默坐了一阵，想如何打开这僵局，否则，实在没有什么话可说了。(《浅野三郎》)

3. 若是没有事，那更好，我叫些人来，或者探清河北敌人的配备情形，回来想法过去。(《五月之夜》)

二、联络事物的转折关系 例如：

1. 他从原则上可以发表意见，却不能解决具体问题。(《桑干河上》)

2. 女人鼻子里有些酸，但她并没有哭。(《荷花淀》)

3. 敌人把小武脱得净光，打得皮开肉绽，鲜血直流；可是小武一个字也不肯告诉敌人。(《永生的战士》)

万、联络事物的因果关系 例如：

1. 想不到为了这件事，不知要弄成一个怎样的下

场！（《土地》）

2. 大伙只能是摸着干，所以更是时常出毛病。
（《红花朵朵开》）

3. 要不跑，怎么也是个死！（《新儿女英雄传》）

⼒、联络事物的条件关系　例如：

1. 只要我还活着，爬也爬的去。（《永生的战士》）

2. 送回去也勿是事体，除非去报告乡人民政府和土
改队。（《土地》）

3. 党要我们长期打下去，那怕打到明年也不能松
气。（《决斗》）

古、联络事物的比较关系　例如：

1. 这个黑法，好比乌云堆满了天。（《地雷阵》）

2. 要是挺不住，不如趁早回去。（《三千里江山》）

3. 他宁愿在炕上躺着挨饿，绝不去担水浇苗。
（《摔龙王》）

3、联络事物的时间关系 例如：

1. 一出口就伤人。(《高干大》)
2. 拉他起来，再跟他说理。(《暴风骤雨》)
3. 好歹吃完这顿，以后你可要留心啊！(《地覆天翻记》)

除了上述外，凡属于语法上代词或代词语一类性质的词语，因为它可以替代任何一种别的词语，甚至可以替代一个句子，以至一段或一篇的文章，所以只可分属于上述各类词语之内，不再，也不能另外独立成为一类。

二　选词的标准

甲　纯粹

选用词语的标准，第一是要纯粹。所谓纯粹，大致说来，是要尽可能地选用大众所熟悉的，而避用仅仅少数人所能懂的。怎样的词语才是大众所熟悉的呢？第一，应该是现代常用的而不是古代的、文言的；第二，应该是依照习惯使用的，而不是随意杜造的；第三，应该是本国民族自有的，而不是用外国语写的；第四，应该是全国通行的，而不是某一地区的方言；第五，应该是日常口头用的普通语，而不是只有专家学者才能懂的专门语。现在先来讨论现代常用语和古代文言语的问题。

<table>
<tr>
<td>

现代语
和
古代语

</td>
<td>

现代语和古代语是对立的。照理，我们既然要尽可能选用现代常用的词语，那么古代的文言词语当然应该绝对不用了。但是实际上不

</td>
</tr>
</table>

能这样，有些文言词语，还在作者的笔下经常使用。这是因为词语本身不是凭空创造，而是由古代逐渐发展来的。文言词语在现代语言里并没有完全消减，也不可能完全消减，有的仍照原来形式使用，有的已发展为复音词，而且也已为大众口头所常用。只有那些没有被吸收在现代语言里的古代词语，才是应该绝对不用的死的词语。所以，上文所说"不是古代的、文言的"，只是专指这些已被扬弃的死的文言词语说的。

因此，在现代语言中使用文言词语，只要备具下列各项的规律之一，是可以和一般现代词语同样使用的：

夕、大众熟悉的文言虚字 例如：

1. 这里家畜之多、之大、之壮都使我感到惊喜。（《保卫和平·争取和平》）

2. 但是出乎意料，他才是二十六岁的年青的共产党人。（《田启元和他的游击队》）

3. 你这位同志是记者。（《"头难"》）

4. 青年们茫茫然。（《赤叶河》）

5. 《红旗歌》则反映了在生产竞赛中工人的两种不

同的劳动态度及工厂管理人员两种不同的工作作风。（《新的人民的文艺》）

6. 到达此地，是下午十点三十九分。（《一百个钟头》）

7. 我不是说不应当，罪所应得！（《吕梁英雄传》）

8. 申队长应声而倒。（《地覆天翻记》）

9. 依小人看来，其中确系有人捣乱哪！（《逼上梁山》）

夂、口头常用的文言成语 例如：

1. 古话说得好，君子防未然呵！（《浅野三郎》）

2. 敌人无时无刻不在费尽心机，企图使这个"心腹大患""落网"。（《宋纪柳》）

3. 古语说："谦受益，"谦虚是可以从各处得到东西的。（《谈文学修养》）

4. 十年树木，百年树人，培养个工程师岂是容易的。（《三千里江山》）

5. 一连几天，全庄真有个风声鹤唳、草木皆兵的样子。（《地覆天翻记》）

6. 这小学校就成为"众矢之的"。（《火烧震东市》）

7. 对"富贵在天"的道理，不由他不信了。(《晴天》)

一、引述欢喜掉文的人的说话　例如：

1. 二先生一听说敌人"扫荡"兴县被消灭了七百多，高兴得摸着胡子说："灯蛾扑火，以卵击石，能不自毁乎，贺师长，这是能征惯战、名震华夏的常胜将军么！民国三十一年春天，田家会一仗，也是消灭了敌人七八百呀！要是全国队伍都像八路军的话，何愁敌寇不败，何愁国土不复？"(《吕梁英雄传》)

2. 玉先生说："这，这事，我不过以管见所及，略陈剀切，至于采纳与否，可以凭公论断。"(《火烧震东市》)

3. "说到此层，"封先生摸摸袖头，特别斯文地插进来，"鄙人从事教育二三十年，涉身的学堂，不多不少也有十来处。然而，就从来没有一处像嗣成，以学生之嚣张，管理之松懈，实足以为天下冠。别的暂时不说，前礼拜高二的国文，我选一篇《曾文正公家书》，有个学生居然敢于反对，说曾国藩是中华民国的大罪人。此不过一例而已，学生批评先生，奚落先生，已成司空见惯。如此学堂，谈何威信？谈何法纪！"(《狂雨》)

4. 阎锡山一听见人民解放军到了山东，便顿足说："共产党下齐鲁，如虎生翼，天下事不可为矣!"（《一二九师与晋冀鲁豫边区》）

5. 三：唉! 过去我石三海不劳而食，坐享其成，今后我要痛改前非，勤劳耕作，首先作到黎明即起。（《刘胡兰》）

二、引用文言书本上的原文　例如：

1. 有一次他背诵《聊斋》里面讽刺官人的句子："问何以为官，曰：出则舆马，入则高坐，堂上一呼，阶下百诺，见者侧目视，侧足立……"然后大声地笑了很久。（《关向应同志在病中》）

2. 我怕宁武一战会破坏我们的大计。我记得顾院长去年在潼关的时候，曾向王爷献议，说："关中山河百二，宜先取之，建立基业，然后旁略三边，资其兵力，攻取山西，以向京师。"现在，这大计，是快要完成了。（《李闯王》）

3. 这老汉原是个穷念书人，早年在私学堂教"子曰学而时习之"糊口。（《铜墙铁壁》）

4. 老百姓欢迎"人之初，性本善"。（《高干大》）

如果像下列两种情形的文言词语，最好能够避免不用：

ㄅ、已有复音词或现代同义语可以替代　例如：

1. 八连有过。这罪不能责备战士，而是连里指挥员的责任。（《一百个钟头》）

2. 那时候，小折聚英方九岁。（《一个女人翻身的故事》）

3. 足步正如他的心情一样沉重。（《在零下四十度》）

4. 他摇摇斑白的头。（《五号码头》）

5. 现在你不要牵涉马德辉，必须苛求自己！（《永远向着前面》）

例1中的文言词"过"和"罪"，不如用复音词"过失"或"错误"；例2中的"方"字也是文言词，不如用现代同义语"才"；例3中的"足"，也是文言词，不如用现代同义词"脚"；例4中的"斑白"，不如用普通的同义词"花白"；例5中的"苛求"，不如用现代同义语"严格的检讨"，既通用，又易懂。

ㄆ、原来意义已不易作明确解释　例如：

1. 指着那一片长满蒌蒌青草的地方说。（《火光在

前》）

2. 这是很少的一种笑，笑得最有神韵的是石宝山。（《仅仅是开始》）

3. 伤口的血点点地向外潺流。（《为了幸福的明天》）

例 1 中的"萋萋"是一种什么样子，例 2 中的"神韵"是一种怎样的态度，例 3 中的"潺"是一种怎样的流法，已不易用现代语来作明确的解释。像这类的文言词语，辞藻虽然美丽文雅，但为大众所不能了解，所以也以不用为宜。

习用语
和
杜造语

习用语和杜造语也是对立的。习惯使用的词语因为是大众所熟悉的，所以能用，随意杜造的词语只是杜造者自己的意思，不一定都是大众所能懂，所以不宜使用。所谓随意杜造的词语，包括：勹、不必造的新文字，夂、类乎别字的杜造语，和宀、不照习惯引用的成语三类。

勹、不必造的新文字 新文字不一定不能创造，只要是实际上需要，但像下面例句里的文字都是不必造的：

1. 威震山头的凶猛的榴弹炮，和粗促沉重的野战炮，在你呼我应地轰喤喤地吼叫。（《我们的力量是无敌的》）

2. 忽然听见噼噼啪啪的响起来。（《新儿女英雄传》）

3. 由于天冷，队员们从牙齿缝里发出"咯咯"的声音。（《赴死》）

4. 他那天请了几桌客？（《高干大》）

在我们习惯使用的词语里，已有"轰隆隆""劈劈拍拍"和"格格"，所以不必另造"轰噻噻""噼噼啪啪"和"咯咯"。就是从语法来讲，象声词也不一定都加"口"旁，除非因为是不常听到的声音，而特创的新的象声词。例 4 中的"桌"字，习惯用的已有"桌"字，更不必再加"木"旁，成为"叠床架屋"。

夂、类乎别字的杜造语　新词语也不是绝对不能创造，只是不能类乎写了别字，下面都是类乎别字的例子：

1. 六十五里的无人区，刹时便过去了。（《割电线》）

2. 不明地理，冒然进攻。（《三打祝家庄》）

3. 我回到营部来了，所有的人对我都异外的亲热。（《没有弦的炸弹》）

4. 邵义年小贪玩，任吗不懂，不欺侮妹妹就算好

了。(《为了幸福的明天》)

　　5. 沈洪对于习金贵的印像是坏透了。(《江山村十
日》)

　　在习惯使用的词语里，我们只有"一刹那"和"霎
时"，而没有"刹时"，只有"冒昧"和"贸然"，而没有
"冒然"，只有"异常"和"格外"，而没有"异外"，只有
"什么"或"甚么"，而没有"任吗"，只有"印象"和
"影像"，而没有"印像"，所以"刹时""冒然""异外"
"任吗""印像"都是类乎别字的杜造新词。

　　一、不照习惯引用的成语　　凡引用的词语，都应该照用
原文。成语是引用的，所以也应该照用原文。像下面的许多
例子，都是不妥当的：

　　1. 刘同志却还是莫明其妙。(《地覆天翻记》)

　　2. 这时候，疾颜厉色的刘组长却笑了。(《为了幸
福的明天》)

　　3. 冬天的日头特别短，不经不觉，太阳已偏西了。
(《原动力》)

　　4. 除去吓吓有名的马阴阳先生，再数下去，就该轮
到"墨斗"姑了。(《摔龙王》)

　　5. 他一好了便调皮倒蛋。(《种谷记》)

我们习惯使用的成语，应该是"莫名其妙""疾言厉色""不知不觉""赫赫有名""调皮捣蛋"，所以"名"不应改用"明"，"言"不应改用"颜"，"知"不应改用"经"，"赫赫"不应改用"吓吓"，"捣"不应改用"倒"，如改了，不但违反引用成语规律，而且也类乎写了别字。

　　本国语和外国语也是对立的，但它们和别种词语的关系不同。所以所谓应该是本国民族自有的词语，而不是用外国语写的词语，是专指不常见的外国语译音和外国语原文说的。照意义翻译成本国文字的外国词语并不在内。就是那些译音语和外国语原文，只要是大众所熟悉，或是附有注释的，也并不是一概不可以用。

　　因之，在本国语中插用外国语译音和原文，只要有着下列条件的一项，便是可以使用的：

　　㇀、大众熟悉的译音语　例如：

　　1. 斯大林同志几乎看每个作品，而且都记得。（《欧行散记》）

　　2. 要学苏联人的布尔什维克的品质和毅力！（《为了幸福的明天》）

　　3. 机枪、迫击炮、卡宾、火箭筒、手枪……迅速地

堆成了一座小丘。(《战斗在长江三角洲》)

4. 艺术作品只要写出了"逻辑的真实",他的作品就与"事实的真实"的发展规律相符合。(《生活的真实与艺术的真实》)

5. 在他们后边,离开约三百米远的地方,跟着两个扛着步枪的卫兵。(《宋纪柳》)

6. 中等教员工资每月七八百卢布。(《儿童的天堂》)

夊、不必译或不能译的原文　例如:

1. 区长说:"我是 O 型,什么人都能输,过去我为伤兵员输过血。"(《毒蛇》)

2. Ⅱ型四五〇号机车全体工人发动了"五百公里运动"。(《我们看见的苏联铁道建设》)

3. 在转弯不远的地方就看到了一个特别明显的用红色水银制成的字——M,那是地下铁道的头一个字母。(《十二月的莫斯科》)

4. 她把牌一看,全是红桃 A K Q J 10,构成最大的一组王牌,于是"扑"的一声丢在桌子上,吃吃的笑了。(《浅野三郎》)

5. 诊疗所的设备更像个大医院，X 光科、眼耳鼻喉科、内科、妇科、牙科的器具设备都是新式的。(《我的印象》)

6. A·托尔斯泰从亡命地重又回到祖国的时候，正是苏维埃文学重新高扬、开放出新的花朵的时代。(《加林的双曲线体译后记》)

一、附有注释的译音语　例如：

1. 小孩的妈妈是性格温柔的阿志妈妮（朝鲜语，大嫂的意思）。(《三千里江山》)

2. "啊拉包吉（朝语：老大爷)！这孩子已没有父母，你把她收养着吧！……"(《飞虎山上五昼夜》)

3. 她指着她的耳朵，摆了摆手，摇摇头说："莫洛加所（不知道)。"(《松平里》)

4. 翻译官听见连忙跑过来，对山本敬了个礼，像狗见了主人一样，送上根香烟，说：我的托巴古（烟）顶好，你的心交（吸)!? (《洋铁桶的故事》)

5. 我就用新学的一句俄文："聂把呢马尤"（不懂的意思）回答她们，引得大家都笑起来。(《访苏日记》)

6. 全场不断发出"比斯！比斯！"（再来一个的意思）的声音。（《苏联人热爱新中国艺术》）

7. 那些青年团工作者、反法西斯委员会工作者、工人、学生、孩子、母亲，用笑脸、拥抱、鲜花、"得拉斯契"（你好）来欢迎我们……。（《莫斯科所见》）

8. 这个工厂里是一个康拜因（联合工厂），是一个很有历史的老工厂。（《苏联的三个女英雄》）

二、附有原文的译音语　例如：

1. 十九世纪八十年代，白求恩大夫（Dr. Normen Bethune）生于加拿大脱朗托。（《白求恩大夫》）

2. 薇娜·英拜尔（Вера Инбер）是苏联有名的女诗人，她写了关于列宁格勒的保卫战的长诗："《蒲尔柯夫子午线》，日记：《将近三年》，《蒲尔柯夫子午线》是得斯大林奖金的作品。（《欧行散记》）

3. 他的第一本受人注目的作品，是在一九四五年发表的长篇小说《在黑暗中行走的人们》（Muzijóou vo tmé），这本书中所写的，是捷克斯洛伐克人民在共产党和苏联红军的领导、帮助下对纳粹德国统治者作斗争的故事，作者也因此书而获得了捷克斯洛伐克政府教育部的奖金。（《曙光照耀着我们译后记》）

4. 他们一 直到希腊民主军的根据地格拉莫斯（Grammos）。（《悼艾吕雅》）

如果是下列情形的外国语译音和原文，和前面所讲恰相反，最好能避免不用；要用时也必须加注释或原文，或是把它们翻译成中国语：

夕、大众不熟悉的译音语　例如：

1. 这边说："密斯"！那边喊："哈啰"！（《逛马路》）

2. 拿木温可就死钉住她了，骂她、打她。她也跟拿木温硬碰硬，拿木温追到这头，她逃到那头，气得拿木温只好到上头去告状，……（《车子翻身》）

3. 满山坡松树林里净"哈尔密塞"小鸟，咕咕咕咕悄悄唱着，从这枝往那枝一飞，撞的松树毛上的雪帽一朵一朵飘下来。（《三千里江山》）

4. 老高头不懂朝鲜话，却爱跟朝鲜老乡聊天，他迎上去，亲热地打招呼："啊拉包吉！啊拉包吉！"（《老高头》）

ㄆ、没有翻译出来的原文　例如：

1. O·C·B·东倒西歪。(《原动力》)

2. 收音机，你小小的匣子，你吓唬人！收音机却答道："X，N，C，R！"(《吊"四八"殉难诸同志》)

3. 那家伙就连着说了三个"OK"！真是又好气又好笑……(《朝鲜前线的一天》)

4. 巴：那么说，你把我们的新闻全部都听到耳朵里去了。妙，妙极啦，亲耳听见等于亲口承认，Business，好生意。(《前进，美国的人民!》)

通行语
和
方言语

全国通行的词语，是每一个人民所能懂的词语，方言的词语只限于少数地区或甚至只有一个地区的人才能懂，所以除了专为少数地区读者而写的作品可酌用方言语来写外，供给全国阅读的作品，应该尽可能使用全国通行的词语。万一碰到不能不用而又没法用通行语来写的土名土语，那么只要附加注释，也就可以使用。此外，虽是方言土语，而词面已为多数读者所能了解或能意会的，也不是绝对不可使用。

所以，方言的词语，只须备有下列条件之一，就可和通行语一般使用：

夂、可以意会的方言语　例如：

1. "老束，那垯来？去那垯？"（《第一次收获》）

2. 天麻麻亮，大水他们偷偷的上岸进村。（《新儿女英雄传》）

3. 连里有一个通讯员，看我穿这衣裳，一时马虎眼了，给我敬一个礼说："报告指导员！"（《江山村十日》）

4. 别撑过了劲，弄崩了，乡亲面子不好看。（《老桑树底下的故事》）

夊、引用方言的俗语　例如：

1. 在那家里，就连婆婆——一个三棍打不出响屁的人，也对她没好声气。（《一个女人翻身的故事》）

2. 存起是她的独生子，拿句俗话说，便是"一条根蔓菁"。（《种谷记》）

3. 老言古语没错提："兔子多昝[1]也驾不了辕。"（《暴风骤雨》）

4. 我看咱先别太急，心急喝不得热糊涂。（《韩秀

---

〔1〕　昝：今应作"咱"。

贞》）

一、附有注释的土名　例如：

1. 申耀宗高高的站在"土牛"（堤上护堤用的土墩）上面。（《新儿女英雄传》）

2. 我当是那来的"吓糖木"（即啄木鸟）吓咱们门来呢！（《领导》）

3. 张学海是孙在涛的贴身子（当差的门丁）。（《活人塘》）

4. 哼，趁热可不行啊！太热了，吃了好长"谷眼"（是猪的一种病症）。（《前进》）

二、附有释注的土音和土语　例如：

1. "你是几月竿（间）从张家口撤出来的?"这是张部长的湖南口音。（《炊事员熊老铁》）

2. 妈只是一个猴猴（瘦小）的女人。（《一个女人翻身的故事》）

3. 这些意想不到的事情，好多老乡简直有些迷瞪（即莫名其妙的意思）了。（《新与旧》）

4. 庄上的人有的吃饭，有的搂拾（即准备）睡觉。

（《王丕勤走南路》）

万、专为少数地区读者写的作品　例如：

1. 自从美国鬼子撕破假面具，公开侵略我伲中国邻邦朝鲜，公开侵犯我伲中国领土台湾以后，全国同胞，大家都已经看穿美国鬼子格居心，抗美援朝运动格热潮，好像秋天田野里放格野火一样，到处勒浪蔓延，到处勒浪燃烧。格歇辰光，政府发出号召，要青年学生青年工人们参加军干校，巩固国防；防备帝国主义侵略。从此以后，报名处报名格人，每天人山人海，像潮水一样。（《张泉宝报名参干》）

2. 这时有一辆美帝宪兵吉普卡，喇叭也不撤，"呜"的一声，从章亦平身边擦过，幸亏李宝根把他随手一拖，一个筋斗跌进李宝根的三轮车里。吓得金黎云"吓！"的极叫起来。吉普卡死人也不关，疾驰而去。章亦平爬起身来，拍拍灰尘，理理头发。满面孔涨得通红。搂了金黎云转身就走。引得徐阿才哈哈大笑。（《三雄惩美记》）

3. 是春耕刚开始的时候。闲了一冬的人，才拾起重活，觉得格外的累。这天，太阳快落，冒老五耕了一天地，已累得筋疲力尽，肚子里饿的乱叫唤。回家把驴子

　习作初步

拦下，又照常的装上一袋烟，走到锅灶前蹲下，一翻锅底下的灰，连点火星都没有，又掀锅盖一看，里面溜空，一阵火气冲到头顶，脖子上的青筋马上跳得老高，把锅盖"呱嗒"一声放下，跳起来，昂着脸朝东房嚷道："贪死去啦，到如今还不做饭!"（冒老五和互助组》)

4. 我，金三，今年五十二岁，来勒林太师林老爷格街前，租了一间店面，开仔一爿金顺昌豆腐店；夜夜磨豆腐，日日酒三壶。讨了老婆陆氏，十年前生病死哉。留下一个阿媛，取名金凤，今年还只有十六岁。是我爹媛晤两个省吃省用，勤勤俭俭，勉强糊口。今朝是正月十五元宵节，照规矩逢年逢节总要送两作豆腐到林府上去孝敬孝敬。本该叫醒阿媛，想伊年纪轻轻，还是让伊多困一歇。算了，还是我自家磨起来吧。(《借红灯》)

如果是不易意会而又没有附加注释的方言语，那么也最好能够不用。例如：

1. 专门拐卖人口，贩骚，强奸过他嫂子，卖过他姑妈。(《孙颜秀》)
2. 平时在班上有个二虎劲，打起仗更是虎尔巴基，勇敢的很。(《无敌三勇士》)

3. 过了几天，胡理都过生日，两口子就刀尺起来。（《小力笨》）

4. 藏在人后面的马六十这时从旮旯里钻出来。（《韩营半月》）

普通语和专门语　专门性的词语用在专门著作里，本来是不成问题的事，可是用在普通的作品里，那问题就不简单了。因为专门著作是写给熟于这门学问的人读的，不必附加注释，也能读懂；普通作品是写给一般读者读的，倘然也用到专门的词语，而又不加注释，那就不容易领受了。所以，在普通作品里应尽可能用普通的词语，而避用专门性的词语；如果不能不用时，除了大家都熟悉的之外，也应当附加注释。

所以，专门词语用在普通作品里，只要有如下的两种条件之一，便是可以使用的：

夕、大众熟悉的事物名称　例如：

1. 炮艇开足了马力。（《前进》）

2. 又把从外面带回来的奎宁、苏打、阿司匹林片等药品，拿出来给群众治病，也治好了不少人。（《地覆天翻记》）

3. 游击队员丁：我们手里没枪，有事我们可就跑。

郭：快去吧！明天就有好枪使了。　游击队员乙：快得个三八使使吧！（《游击队长》）

4. 我们的上级，从"九一八"起，就一直这样欺骗我们。（《风云初记二集》）

5. 爱克司光照到他的前胸。（《三千里江山》）

夊、附有注释的事物名称　例如：

1. 他乘闲空上山掏"蘿苓"（中药名）。（《张初元的故事》）

2. 第一次派"花机关"（通讯员外号）传你们撤退，过了二十分钟也不见你们归队。（《在日寇投降的时候》）

3. 吕司令发给了好几打"描金盒子"（盒子枪名）。（《新儿女英雄传》）

4. 今年的庄稼要作到五铲（锄草）五蹚（培土），"保证每个劳动力收粮五十五石。"（《土地改革三年后的北满农村》）

5. 我问你：是不是一个祖师爷？你在"翁钱潘"祖师爷（安清帮中收徒弟摆香堂时，供着"翁祖师""钱祖师""潘祖师"的牌位。这是"小香"。"大香"还加上"金祖师""罗祖师""陆祖师"的牌位。"翁钱

潘"三人出处不详）面前磕过头没有？（《五号码头》）

像下列的专门性词语，既不常见，又未加注释，那就以不用为妙，要用时也必须附加注释：

　　1. 那是日本人撤退时毁坏了的油槽流下来的特尔宾油。（《原动力》）

　　2. 章现才二十岁了，曾在袍哥里当过么爷。（《狂雨》）

　　3. 同时每天白大夫亲自动手术，做完了"腐骨摘除术"，"赫尔尼亚手术"……，配合当时的手术，一边讲一边做，用实际的例子来教育大家。（《诺尔曼·白求恩断片》）

　　4. 张珍是个铆工帮匠，在这厂子里，谁都认识他，个子比一般人矮些，干活、说话总是不紧不慢。（《兄弟俩》）

乙　正确

选词正确的意思是：作者要用表达什么意思的词语，就选用代表什么意思的词语，而不能和作者所要表达的意思有一些儿含糊。粗浅看来，好像这也不是什么难事，但在实际使用的时候，即使是一个经常写作的作者，有时也难免要发生用词不正确的错误。这因为一个意思不一定只能用一个词语来表达，而一个词语也不一定只代表一个意思，所以在当我们使用它的时候，如不是细心辨别，错误就要跟着发生的。

选词要正确，除了平时留意别人作品中的习惯用法外，还须特别注意下列四项：

（一）辨别类义词，（二）分别单双音词，（三）同词异用，（四）异词同用。

辨别类义词　类义词是指两个或两个以上词面或意思差不多，而用法完全不相同的词语。这类词语，因为它们之间的区别非常细微，所以一般初学写作的人最易用错。单音的类义词，如果彼此用错了，就是别字；通常所谓类义词，往往只指那些类义词中的复音词。

为了辨别和说明方便起见，后面只就：乙、指称词，夊、叙述词，宀、描写词三类词语中，各举出一些双音类义词来作为例子。

乙、指称词

（一）情况·情景　情况是指抽象的情形，所以是看不见而感觉到的；情景是指具体的情状，所以不是感觉到而是看得见的。例如：

1. 可是一到燕燕家，就碰见了别的情况。（《登记》）

2. 洋铁桶见了这种情景，心里不觉一酸。（《洋铁桶的故事》）

（二）意思·意见 意思只是泛指脑中发生的思念；意见乃是一种有意识的见解或主张。例如：

1. 说来话长，意思倒挺简便。（《原动力》）

2. 玉梅知道大哥在开始考虑自己的意见了。（《为了幸福的明天》）

（三）影响·效果 影响发生在别人身上，所以也可作及物动词用；效果只产生在自己身上，不能当任何动词用。例如：

1. 他常常受着韩秀贞的教导，受着韩秀贞的影响。（《韩秀贞》）

2. 只要能凝结，究竟效果如何，那时再说。（《红花朵朵开》）

（四）效力·效率 效力也发生在别人身上，效率也产生在自己身上，但他们都不能作动词用。例如：

1. 宋纪柳的话就如唐三藏的紧箍咒一样，立刻在伪军中间发生了效力。（《宋纪柳》）
2. 怎么这样算？这是机械效率。（《我们的节日》）

（五）事故·事变　事故是事情失去常态；事变是事情发生变化。例如：

1. 可是后来因为出了点子事故，两村就结下了很大的冤仇。（《村仇》）
2. 事变以来，他就觉得世道要变。（《老桑树底下的故事》）

（六）基本·根本　基本是指本来已有的；根本是指本来没有的。例如：

1. 这些职员的思想基本上没有动过。（《原动力》）
2. 刘五上次回家，根本没人知道。（《地覆天翻记》）

（七）反映·反应　反映起于别人身上；反应起于自己

身上。例如：

1. 可以知道社会的反映。(《狂雨》)
2. 用标准血清的血液放在玻璃片上浮游液内，反应结果是 B 型。(《诺尔曼·白求恩断片》)

夂、叙述词

（一）克服·克复　克服是战胜不良的情况；克复是收复失去的工地。例如：

1. 已往那股吊儿浪当[1]劲和倔劲，慢慢克服了。(《原动力》)
2. 共产党永远不会放弃徂徕山，它不久就会克复。(《徂徕山上》)

（二）忍耐·忍受　忍耐的是产生在自己身上的；忍受的必是外来的。例如：

1. 他必须狠命咬着牙才能忍耐住。（《无敌三勇士》)

---

〔1〕吊儿浪当：今写作 "吊儿郎当"。

2. 程仁不能忍受了。（《桑干河上》）

（三）维持·支持　维持必是长期性的；支持是不限时间的。例如：

1. 出头维持这个局面。（《吕梁英雄传》）
2. 王克俭奇怪着有一种甚么力量支持着。（《种谷记》）

（四）保险·保管　保险是担保别人；保管是保证自己。例如：

1. 你放心吧，保险给你捎几排子弹回来。（《孙颜秀》）
2. 你要真的走了，家业我保管给你照料得好。（《韩秀贞》）

（五）保证·保障　保证是保证自己的行动；保障是保障别人的利益。例如：

1. 你们要保证绝对不给任何人说。（《柳堡的故

事》)

2. 只有无产阶级领导的政府，才能保障工人的权利和发挥生产力与创造力。(《原动力》)

(六) 表现·表演　表现的是一般性的工作，表演的只是艺术性的技术。例如：

1. 以后我表现给你们看吧！(《水风砂》)
2. 塔娜莎娃在这点上是表演得高尚而恰当。(《欧行散记》)

(七) 完成·结束　完成是依照计划和指示做到成功；结束只是指行动告一段落，不一定做到成功。例如：

1. 我要求区长马上给我去完成任务。(《"头难"》)
2. 战斗就这样平淡的结束了。(《我们的连长何万祥》)

一、描写词
(一) 英勇·英明　英勇用来描写体力，英明用来描写智力。例如：

1. 他领导着人民英勇前进。(《无敌三勇士》)

2. 他和许多英明的领导人一样，说话那么尖锐、明确、恳切，使干部听了只有心服。(《原动力》)

（二）郑重·慎重　郑重单是不轻率；慎重是不粗心而又不轻率。例如：

1. 老明却郑重其事的说道。（《老桑树底下的故事》）

2. 可要更加慎重才行。(《狂雨》)

（三）正确·准确　正确是指符合真理；准确是指符合规律。例如：

1. 正确的决议要维护，开除的学生绝对不能回来。(《狂雨》)

2. 他认为每天出现在《生产日报》上的数字，都是陈旧的，不准确的。(《我们的节日》)

（四）坚决·坚定　坚决是表示不能变更；坚定是表示不能动摇。例如：

1. 末了却又坚决声明，种完了谷仍然分开。（《种谷记》）

2. 这已经成了全厂流行的竖定的思想。（《我们的节日》）

（五）严格·严厉　严格是对事十分周密；严厉是对事十分认真。例如：

1. 为什么我对你，比对别人严格。（《我们的节日》）

2. 不严厉处罚，学校怎么办呢？（《狂雨》）

（六）丰满·丰富　丰满是写容量多；丰富是写数量多。例如：

1. 丰满的脸蛋上流过泪水。（《狂雨》）

2. 水力发电厂工人的英雄事迹又特别丰富。（《原动力》）

（七）厉害·利害　厉害是猛烈、凶恶的意思；利害是利益和灾害的并称。例如：

1. 他的思想矛盾愈来愈厉害。(《火光在前》)

2. 咱们着个跟他说得来的人去给他说明利害关系。(《李有才板话》)

分别
单 双
音 词
} 跟着语言的发展，有些本来只是单音的词语，现在都变成了双音的词语，但它的意义却并没有改变。有的单音词，它本来不止一个意义；当它变成双音词时，也变成不止一个双音词；而这些双音词之间，就绝对不能互相通用。不但如此，有些意义完全相同的单音词和双音词，在某些句子里可以互相通用，在另一些句子里却又绝对不能彼此替代。所以如此的原因，有的为了要使语气顺当，有的为了要使音节和谐，总之，都是由于要使语言发挥更大的力量。

这里，也是为了方便，只举ㄅ、指称词，ㄆ、叙述词和ㄇ、描写词来做说明的例子。

ㄅ、指称词

（一）地·土地　例如：

1. 经过了土地改革，分得了十来亩地。(《金兰姑娘》)

2. 望着前边大片量的土地。(《开不败的花朵》)

例1中的"土地"不能改用"地",但"地"却可以改用"土地";例2中的"土地"就可以改用"地"。

（二）病·疾病　例如：

1. 身上脸上经常带着病。（《高干大》）
2. 然而他也是一个有疾病的人。（《我们的节日》）

例1中的"病"可以改用"疾病";例2中的"疾病"可以改用"病"。

（三）路·道路　例如：

1. 曹团长敲着车辕子，大声说："探探路呀!"（《开不败的花朵》）
2. 数十步以外就看不到人，更看不见道路的痕迹。（《决斗》）

这里，例1中的"路"不能换"道路";例2中的"道路"可以换用"路"。

（四）家·家庭　例如：

1. "你不是说过有个家在这里吗?"（《仅仅是开始》）

2. 李炳周会不会也有家庭问题呢？（《我们的节日》）

这两个例子里的"家"和"家庭"，却彼此不能互相替代。
（五）理·道理　例如：

1. 在场的人每人一斤面烙饼，一大碗菜，吃了才说理。（《李有才板话》）
2. 我知道的道理早说完啦。（《原动力》）

这两个例子里的"理"和"道理"，也不能彼此互相替代。
（六）惊·惊吓　例如：

1. 触到了鲜红的热乎乎的人血，使他吃了一惊。（《暴风骤雨》）
2. 免得叫那老实人曹玉喜受了惊吓。（《高干大》）

这里，例1中的"惊"不能改用"惊吓"，例2中的"惊吓"却可以单用"惊"字。
（七）粮·粮食　例如：

1. 讲收成，几年多收七十万担粮。（《平妖记》）

2. 保管不能给你少收了粮食！(《韩秀贞》)

这里，例 1 中的"粮"可以改用"粮食"，但例 2 中的的"粮食"如改用了"粮"，语气就不流利。

攵、叙述词

（一）买·购买　例如：

1. 烟卷儿没处买。(《在石台村》)
2. 唉，还要强迫我们储金购买公债哩！(《浅野三郎》)

这里，例 1 中的"买"，例 2 中的"购买"，都可以彼此换用。

（二）怕·生怕　例如：

1. 你们怕日鬼子不知道我在这里吗？(《地雷阵》)
2. 生怕说出这事与自己有关，赶紧溜走。(《小二黑结婚》)

这里两个例子里的"怕"和"生怕"，彼此不能互相替代。

（三）唱·歌唱　例如：

1. 这会做梦却唱起歌来了。(《幸福》)

2. 可是她再不能歌唱，再不能躺在山上幻想她的幸福生活了。(《翻身爱情》)

上面两个例子里的"唱"和"歌唱"，也完全不能互相替代。

（四）怒·愤怒　例如：

1. 由不得用拳头把桌子一敲的跳了起来，怒喊道。(《浅野三郎》)

2. 他愤怒得眼里冒着火星子。(《五月之夜》)

这里例1中的"怒"和例2中的"愤怒"，也都不能互相换用。

（五）担·担任　例如：

1. 你得使出劲担上这副重担子。(《黑石坡煤窑演义》)

2. 那一个连担任前卫？(《火光在前》)

这里两个例子里的"担"和"担任"，也全都不能彼此相代。

（六）见·看见　例如：

1. 仇人相见，分外眼红。（《六十八天》）
2. 当他爬到一个小山岭，看见离山岭一里路的石屋旁边有一个人。（《徂徕山上》）

这里，例1中的"见"不能改用"看见"，例2中的"看见"却能改用"见"。

（七）忍·忍耐　例如：

1. 李占春看见了忍不住哈哈大笑。（《原动力》）
2. 三生虽是每一次都竭力忍耐着，到了仍禁不住痛哭失声，热泪滚滚不住。（《平原烈火》）

这里两个例子里的"忍"和"忍耐"全都可以互相换用。

一、描写词

（一）饥·饥饿　例如：

1. 光棍汉一人吃饱了，一家子不饥！（《说媒》）
2. 大山吃了一阵，挡住了饥饿。（《老桑树底下的故事》）

上面例 1 中的"饥"可以改用"饥饿",例 2 中的"饥饿"却不能单用"饥"字。

（二）疯·疯狂　例如：

1. 这丫头年纪大咧，自个疯了心，尽找做娘的出气。（《说媒》）

2. 匪师长张霆甫越发疯狂。（《活人塘》）

这里两个例子里的"疯"和"疯狂"，却不能彼此互相换用。

（三）美·美丽　例如：

1. 草原上的风景多么美呀！（《开不败的花朵》）

2. 玉带湖更是迷人地美丽。（《原动力》）

上面例 1 中的"美"可以换用"美丽"，但例 2 中的"美丽"却比单用"美"字好。

（四）真·真正　例如：

1. 碰到一块真不容易呀！（《永远向着前面》）

2. 这种静寂，在真正的生活骚动中消失了。（《我们的节日》）

这里例1中的"真"可以改用"真正"，例2中的"真正"却是不能改用"真"字。

（五）冷·寒冷　例如：

1. 每个人都吓得心里一阵发冷。（《吕梁英雄传》）
2. 天气有些寒冷。（《洋铁桶的故事》）

这里，例1中的"冷"不能改用"寒冷"，例2中的"寒冷"也比单用"冷"字好。

（六）静·寂静　例如：

1. 院里还是那么静。（《钟》）
2. 接着是一阵寂静，什么声音也听不见了。（《老桑树底下的故事》）

上面例1中的"静"可以改用"寂静"，但例2中的"寂静"却不宜单用"静"字。

（七）俊·俊俏　例如：

1. 庵里的尼姑又都长得俊。（《钟》）
2. 她有一对水汪汪的大眼睛，长得很俊俏。（《柳

堡的故事》）

这里两个例子里的"俊"和"俊俏"，都可以彼此互相换用。

同 词
异 用　词面完全相同的两个词语，有的因为彼此意义不相同，所以用法也就跟着不相同；有的意义虽然相同了，但是它们在文章里所起的作用不一样，因此用法也就不相同。同样，还有词面也完全相同而意义却是完全相反的，因此它们的用法也就有着差别。这两个意义完全相反的词，一个是正常的，一个是不正常的；我们要注意的是那个不正常的，因为它是用了修辞法上的倒反法。

也是为了方便，这许多词面或意义相同而用法不同的词语，把它们分成：ㄅ、意义相同，ㄆ、意义不同，ㄇ、意义相反三类来说明。

ㄅ、意义相同的同词异用　这一类词语，这里不举正常用法，只举特殊用法。这种特殊用法，就是语法上的所谓转性法。

（一）指称词作叙述词用　例如：

1. 咱们看看谁鬼的过去。（《三千里江山》）
2. 只见老李端着一大盆汤，弓着身子横巴进来。

（《仅仅是开始》）

3. 大大小小的仗咱也打过几次，没草鸡过。（《新的开始》）

4. 我们牺牲午睡帮她锄吧！（《水风砂》）

（二）叙述词作指称词用　例如：

1. 甘科长还想作最后的努力。（《红花朵朵开》）

2. 经常给她一些亲切的安慰。（《为了幸福的明天》）

3. 他当时批准了他们父女参加援朝大队的要求。（《三千里江山》）

4. 出去了，村里倒能给些优待呢。（《新儿女英雄传》）

（三）指称词作描写词用　例如：

1. 引起他一种生理的厌恶。（《为了幸福的明天》）

2. 郑超人可是个体面人。（《三千里江山》）

3. 要死死到杨小梅那儿去！（《新儿女英雄传》）

4. 工人的智慧是惊人的。（《红花朵朵开》）

（四）描写词作指称词用　例如：

1. 这微笑里含着惭愧，也含着骄傲。（《前进》）
2. 党还要我这个残废做什么呢？（《为了幸福的明天》）
3. 痛苦磨折的他吃不好饭。（《三千里江山》）
4. 发现墙头有些老百姓探头探脑瞧稀罕呢。（《新儿女英雄传》）

（五）叙述词作描写词用　例如：

1. 他惊慌地观察着每个人的脸，用询问的眼光探求着答案。（《为了幸福的明天》）
2. 我不过只想把燃烧时间缩短一些儿。（《红花朵朵开》）
3. 炕上铺一条借来的毯子。（《新儿女英雄传》）
4. 我叫人给咱队伍准备住处、吃喝去。（《游击队长》）

（六）描写词作叙述词用　例如：

1. 来子也反过来斜了她一眼。（《幸福》）

2. 今后可苦了咱啦！(《韩秀贞》)

3. 那新生的皮肤已在逐渐坚实起来了。(《为了幸福的明天》)

4. 只人家宽大你，还没跟你算账哩。(《新儿女英雄传》)

夊、意义不同的同词异用 这一类词语必须两两对照才能解释明白，所以都是两种用法同时并举。它们的数量也极多，现在也只能随便举一些。

（一）冷 例如：

1. 今天真冷！(《江山村十日》)
2. 小心打冷枪！(《柳堡的故事》)

上面例 1 中的"冷"是"冷热"的"冷"，用的是原有的意义；例 2 中的"冷"却是"不防"的意思，用的是转变的意义。

（二）好 例如：

1. 眼看到好日子只有十来天。(《金兰姑娘》)
2. 她希望能把这件衣服赶好。(《不疲倦的斗争》)

上面例1中的"好"是用原来的意义，例2中的"好"是"完结"的意思，是用转变的意义。

（三）两　例如：

1. 两个人便分路走了。（《种谷记》）
2. 我就爱喝上两口酒。（《货郎担》）

上面例1中的"两"，是个基本数词，例2中的是个不定数词。此外"两"字还可作附名词用，用来计算物体的重量。

（四）大　例如：

1. 米大的事都得东顾虑，西顾虑。（《狂雨》）
2. 反动派的时候，王金发的神气可大啦！（《五号码头》）

上面例1中的"大"用的是原有的意义，例2中的是"很"的意思，用的是转变的意义。

（五）便宜　例如：

1. 好的，便宜这小子！（《新儿女英雄传》）
2. 又好又便宜。（《不疲倦的斗争》）

上面例1中的"便宜"用的是原有的意思，例2中的是"价钱不贵"的意思，用的是转变的意义。

（六）好歹　例如：

1. 那时候小二黑十三岁，已经懂得好歹了。（《小二黑结婚》）

2. 三年来母子俩好歹把日子对付过了。（《原动力》）

上面例1中的"好歹"是"好"和"歹"并称，用的是原有的意义；例2中的是"不管怎样"，用的是转变的意义。

一、意义相反的同词异用　这一类词语，不但词面相同，而在句子里的位置也往往相同，所以必须就全句的意思去体会，才能辨别出来。但它的数量却不多，所以也不能多举。

（一）不行　例如：

1. 把人呛得实在不行。（《洋铁桶的故事》）

2. 她回到家，把情形告诉婆婆，婆婆也气得不行。（《前进》）

上面例 1 中的"不行"是用的词面的意思；例 2 中的"不行"不是"不行"，而是"很"的意思。

（二）好不　例如：

　　1. 今天好不容易，碰上个晴天。（《三千里江山》）
　　2. 眼看有些就要饿死，好不凄惨。（《洋铁桶的故事》）

上面例 1 中的"好不"是"很不"的意思，例 2 中的"好不"等于只用一个"好"字，只有"很"而没有"不"的意思。

（三）好容易　例如：

　　1. 你说的好容易。（《原动力》）
　　2. 好容易才换来个集体的痛快的营生和集体的痛快的生活。（《前进》）

上面例 1 中的"好容易"用的是词面的意思，例 2 中用的是相反的意思，等于"好不容易"。

（四）好小子　例如：

　　1. 好小子，真有出息！（《新儿女英雄传》）

2. 好小子，落在咱们手里了！（《洋铁桶的故事》）

上面第一个"好小子"是赞美的口气，第二个却是鄙斥的口气，所以也是意思完全相反的两个词语。

异词同用 这一种用法，恰和上一种相反。两个词面不同的词语，有的因为意义完全相同，所以用法也完全相同；有的因为意义差不多，而又都用在句子里相同的位置上，所以用法也相同；有的词面上意义虽是完全相反，但用在语气相同的句子里，却又变成相同的意思，因而用法也相同。此外，还有不是用肯定语，而用否定对待语来替代，它们词面虽然两样，但意思却又同样都是肯定的。

这类词面不同而用法相同的词语共有四类，就是：ㄅ、意义相同；ㄆ、意义相类；ㄇ、意义相反；ㄈ、否定对待语。

ㄅ、意义相同的异词同用 这一类词语，彼此互称为同义词，如果一个词所含意义不止一个时，那么只有和别的同义词在意义相同的一点上，可以彼此通用，此外如误用了，就变成写别字。

（一）少·短 例如：

1. 也不会觉得屋子里少了什么东西。（《江山村十

日》）

2. 大水和她短不了见面，也说过话。（《新儿女英雄传》）

上面例 1 中的"少"用的是原有的意义，例 2 中的"短"不是"长短"的"短"，也是"少"的意思，所以在这两个句子里，两个词可以彼此换用。

（二）些·点　例如：

1. 他从来处事果决，现在心情却不免有些零乱。（《火光在前》）

2. 这时老鲁心里也有点焦急。（《新的开始》）

上面例 1 中的"些"是"不多"的意思，用的是原有的意义，例 2 中的"点"却不是"点滴""点钟"的"点"，而也是"不多"的意思，所以在这两个句子里，两个词绝对可以通用。

（三）二·两　例如：

1. 我怕见人，不是怕走这二里地。（《高干大》）

2. 两条铁轨闪着青光。（《仅仅是开始》）

上面例1中的"二"是个基本数词，用的是原有的意义，例2中的"两"也可用作"斤两"的"两"，也可用作约数词，这里却也作基本数词用，所以它同"二"可以通用。

（四）和·跟　例如：

1. 我有句话得和你说说。(《荷花淀》)
2. 继唐！来，我跟你说句话。(《李家庄的变迁》)

上面例1中的"和"是个附动词，照原有的意义用；例2中的"跟"也是附动词，但还有"跟随"的意思，这里却用的是和"和"字相同的意思，所以两字可以互相换用。

夂、意义相类的异词同用　这一类词，意义差不多，又用在同样句子的同样地位，所以用法也是相同。

（一）得·着　例如：

1. 看见人家穿得一身新军服。(《李家庄的变迁》)
2. 看出他们穿着便衣。(《五月之夜》)

这里，例1中的"得"和例2中的"着"都是表达词，用法也完全相同。

（二）好·美　例如：

1. 他在多好，我扶着他胳膊。(《原动力》)

2. 一家人小日子过的欢欢喜喜的，你看这该有多美……(孙颜秀》)

上面例 1 中的"好"和例 2 中的"美"意义差不多，又都是描写词，所以彼此用法相同。

（三）是·有　例如：

1. 她时时去看他，感到他是多么的可怜。(《桑干河上》)

2. 梨儿有多么香，枣儿也有多么脆。(《高干大》)

上面例 1 中的"是"和例 2 中的"有"，在这里，用法完全相同，彼此可以换用。

（四）眉毛·眉心　例如：

1. 他就立刻看看睡着的战士们，皱了皱眉毛。(《火光在前》)

2. 王经理面容很疲倦，皱着眉心。(《原动力》)

上面例子里的"眉毛"和"眉心"，就词面上讲，意义略有不同，但它们都是指称词，用法也完全相同，而且可以彼此换用。

一、意义相反的异词同用　这一类词，词面上恰是一正一负，意义应该完全相反，但用在句子里的时候，其中的一个，却用了修辞法里的倒反法，所以和那另外一个的意义用法，又完全相同。

（一）好·好不　例如：

　　1. 好容易才凑满数，交给白元臣。（《不疲倦的斗争》）

　　2. 你好不容易熬回了家，也该往仔细里盘算过个光景哩！（《黑石坡煤窑演义》）

上面例 1 中的"好"，用的是倒反语，等于"好不"，所以和例 2 中"好不"，可以彼此互换。

（二）行·不行　例如：

　　1. 咱们能行吗？（《原动力》）
　　2. 心中高兴的不行。（《黑石坡煤窑演义》）

上面例 2 中的"不行"，也是倒反语，是"很"字的意思，所以和例 1 中的"行"都属正面词，但意义不全相同，所以用法尽同，但彼此却不能互代。

（三）忿忿·不忿　例如：

1. 小于还是不服劲，又抢过玉梅的话头忿忿地说。（《为了幸福的明天》）

2. 村里的人对这事看不忿，到处说闲话。（《张初元的故事》）

上面例 1 中的"忿忿"和例 2 中的"不忿"，都是"不服气"的意思，但"不忿"用的是倒反语。

（四）果然·果不然　例如：

1. 果然不久，"中央军"经过老桑树底下向南逃跑了。（《老桑树底下的故事》）

2. 果不然就是这事！（《亲家》）

上面例子里的"果然"和"果不然"，都只是"果然"的意思，所以意义用法完全相同，彼此可以通用。

㈡、否定对待语异词同用　这也是词面不同而意义相同的异词同用，不过一用肯定语，一用否定语，而否定语也不就是肯定语的否定，而是和肯定语意义相同的否定对待语。

（一）容易·不难　例如：

1. 我放了你容易，那怎么对四儿哥说？（《高干大》）
2. 你们要见区长也不难，我跟区长从小一块受苦长大的。（《洋铁桶的故事》）

上面的"不难"是"容易"的否定对待语，彼此意义和用法全同，所以可以通用。

（二）难·不容易　例如：

1. 过日子真难啊！（《新儿女英雄传》）
2. 得这么个机会，是多么不容易啊！（《平原烈火》）

上面例子里的"难"和"不容易"用法意义也完全相同，所以也能彼此互用。

（三）很多·不少　例如：

1. 反对他的，不理睬他的，还是很多。（《高干大》）
2. 她学到了不少的本领和知识。（《韩秀贞》）

上面例 1 中的"很多"，等于例 2 中的"不少"，因此两个词可以彼此通用。

（四）很少·不多　例如：

1. 程区长本人倒很少说话，他除了发问，便是听着乡长、村干部、教员和众人的回答。（《种谷记》）

2. 姜明山事情不多，不断地到爸爸的队伍上去。（《领导》）

上面例 1 中的"很少"和例 2 中的"不多"，也是意义全同，所以彼此可以通用。

（五）大·不小　例如：

1. 这回共产党势力大呵。（《不疲倦的斗争》）

2. 这对于他是件不小的事情。（《张治国的故事》）

上面例 2 中的"不小"是例 1 中"大"的否定对待语，彼此意义用法全同，可以通用。

（六）小·不大　例如：

1. 说自己四个孩子都小，丈夫不可靠，将来还不知

怎么过日子呢。(《桑干河上》)

2. 你别看这回，动响越不大，我越觉着来头不对。
(《游击队长》)

上面例 2 中的"不大"是例 1 中"小"的否定对待语，
彼此意义用法也完全相同，所以也可通用。

（七）对·不错　例如：

1. "对，"他说，"大叔的话对。"（《种谷记》）
2. 你说得不错！（《高干大》）

上面例 2 中的"不错"，是例 1 中的"对"的否定对待
语，意义既相同，用法也一样，所以彼此可以互代。

（八）错·不对　例如：

1. 自己认个错，省得丢面子。（《黑牡丹》）
2. 那时，我思想没有搞通，我的不对。（《"四斤
半"》）

上面例 2 中的"不对"，是例 1 中"错"的否定对待
语，两个词语的意义用法完全相同，所以可以互相换用。

丙　适合

适合是要求我们所选用的词语，必须和我们所要表达的整个意思，配合得既适当而又切合。这也是说起来不难，实践起来却不一定是很容易的。因为我们对于词语所含的意义，即使已能辨别得非常清楚，因此也能很正确地将它使用，但不一定就能用得完全适合。假如有两个意义相同或意义差不多的词语，它们都可以用来指称某一个物体，或叙述某一种动态，或描写某一种静态，如用在某一个意思里，觉得彼此十分配合，但如用在另外一个意思里，就感到不相宜，而就词语的本身所含的意义来讲，却不一定都是不正确而有什么错误的。这就是选词适合不适合的问题。

这一个选词标准，我们就把它分成上面已经说过的三项来说明：一、适合本体；二、适合情况；三、适合身分。

{适合本体}　指称词是用来指称事物的本体的，所以一定要和它所要指称的事物的本体完全适合，不但意义要适合，还要适合于整个意思里的需要。后面的每一对例子，用的都是同一词语，但一个适合，一个却是不适合的。

（一）姿势　例如：

1. 玉梅一直仰卧在床上，不能翻身，永久是那么一个姿势。（《为了幸福的明天》）

2. 我有心注意着，李进他们两个，姿势的确有点子两样。(《柳堡的故事》)

"姿势"是指称固定的动作状态，所以用在例1中的是适合的，例2中的就不适合，因为例2中虽也是要指称动作状态，但不是固定的而必须是流动的，因此不如用"神情"或"神态"比较适合。

(二) 心事　例如:

1. 黑老蔡知道大水的心事，心里怪疼他; 给高屯儿一提，也感觉大水是该结婚了。(《新儿女英雄传》)
2. 他小心谨慎地忠实自己的任务，更没有心事去想家庭那许多往事了。(《老子英雄儿好汉》)

"心事"是指称心里所想念的事情。例1中的"心事"是指"大水想媳妇"，所以用得非常适合; 例2中的"心事"是"想"的附加词，我们只能说有没有心思去想，或是有没有心绪去想，却不能说有没有心事去想，所以"没有心事去想"不但"心事"用得不适合，而且意思也有了重复。

（三）场上　例如：

1. 全村的人也都被赶到南场上，人们在外面，围上了一层明晃晃的刺刀。（《"卖布的"区长》）

2. 何士海比较熟悉地方情形，他经常在场上去混，可以知道社会的反映。（《狂雨》）

"场上"是指称广阔的地面，或集会的地点，所以用在例1中是适合的，例2中就不适合。例2中的"场上"应是指称和当地的人交接的场所，所以用"社会上"或"场面上"比较适合。又："在……去"互相矛盾，两个只能用一个，不是作"到社会上去混"或"在社会上混"，便是作"到场面上去混"或"在场面上混"。

（四）现象　例如：

1. 检查病房，白大夫看到这个医院许多不良的现象，他带着不满的情绪，走进卫生部长的寝室，……（《诺尔曼·白求恩断片》）

2. 总之：我们部队既然是人民的军队，为铺草和群众吵架，就是不够尊重群众的现象，这不是咱们部队应有的作风！（《铺草》）

"现象"是指称我们所能体察到的事物的迹象，所以用在例1中是适合的，例2中是不适合的。例2中"为铺草和群众吵架"是一种行动，不是"现象"而是"表现"，所以它的判断语应该是"不够尊重群众的表现"。并且"表现"和"作风"，又是最适宜于并用的两个词语。

适合情况 用叙述词来叙述或用描写词来描写事物行动的情况，也必须和事物行动的实际情况相切相合，才能表出作者所要表达的实在意思，所以也是不但是词语本身的意思要用得正确，在整个句子或整篇文章里，也须完全配合整个意思的需要。这里也并举两个一适合一不适合的例子，两两比照，易于说明。

（一）吃 例如：

1. 大家都在吃饭，班里就马相子留下看守阵地。（《仅仅是开始》）

2. 吃酒豁拳热闹的很。（《王丕勤走南路》）

"吃"是"噢"的借用字。"吃饭"不能写成"喝饭"，"喝酒"也不能写成"吃酒"，虽然某些地区的方言里，可以说成"吃酒"，但在文字里就不必照方言一样用。因此例1中的"吃"是用得对的，例2中的"吃"是不适合的。再如"噢喜酒"的"噢"和"酒"，乃是用的修辞法里的借代法，借部分来代全体，所以"喫喜酒"就等于"喝喜酒吃喜饭"，因此这"喫"字不能算是不适合。

（二）生　例如：

1. 这年正月初十，银花生了头一个孩子。（《福贵》）

2. 铁板砸在他脚面上，痛的老高两眼生泪，脚也麻木了。（《水落石出》）

"生"是"生产""产生""生育"的意思，所以"孩子"可以"生"，"眼泪"不能说"生"，只能说"出"，因此上面例1中的"生"是用得适合的，例2中的是不适合的，应改用"出"或"流"。

（三）一齐　例如：

1. 她们想，陷在敌人的埋伏里了，一准要死了，一齐翻身跳到水里去。（《荷花淀》）

2. 他们正扭在一齐的时候，战士的班长走过来。（《铺草》）

"一齐"是"行动齐一"的意思，所以例1中的"一齐"是用得适合的；例2中的"一齐"不是"行动齐一"，而是"一起""一处"或"一团",所以应写成"扭在一起",或"扭在一处",或"扭做一团",而不能说"扭在一齐"。

（四）轮流　例如：

1. 他去年害痢疾的时候,是我们日夜轮流守在他身边。（《柳堡的故事》）
2. 她轮流看他们一眼,双手捧着面孔,一阵嘘呼便逃跑了。（《狂雨》）

"轮流"虽是用来描写行动的方式,但主要还是叙述主体的行动,所以用来指称这个主体的指称词必是一个复数词,因为个数词它是不能"轮流"的。因此,例1中的"轮流"是用得对的,例2中的是不适合的。例2应把全句改成"她把每个人看了一眼",或"她用眼睛扫了他们一下"。

描写词描写性质状态,更须适合所属主体
| 适　合 | 事物的身份。同样的词语,用来描写同样的主 |
| 身　份 | 体事物,本来不应该会有错误,但因为主体事 |

物的身份有不同,尽管是用同一指称词来指称的事物,也不一定都能用同样的描写词来描写。读了下面的几个例子就可知道。

（一）粗 例如：

1. 群这个孩子往后有出息，心灵手快，一看就不像那粗手笨脚的庄稼汉。（《韩营半月》）

2. 真好像粗风暴雨一个样，又好比炸弹开花一般同。（《鬼难拿》）

"粗"是"不精细"，"粗笨"和"粗暴"都是用它来和别的单词组织成的复词。这里例1中用"粗笨"来描写"手脚"是对的；例2中用"粗暴"来描写"风雨"就不完全适合。因为"手"和"脚"都可以称"粗笨"，"风"和"雨"只有"雨"可以称"粗暴"，而"风"只能单称为"暴"，如改用"狂暴"，那就"风雨"都可称用了。

（二）少 例如：

1. 不说张家分多了，就说李家分少了。（《桑干河上》）

2. 他攻击伤害学生的野蛮高压教育，弄得一部分学生面面相觑，不十分了解他的原意，少部分学生反以为他在攻击校长和黄鼠狼。（《狂雨》）

"少"就是"不多"，"多"和"少"适宜于直接写主体事物，如"东西多""东西少"；"部分"只能说"大部分"
"小部分"，正同"数目"也只能说"数目大""数目小"一
样。所以这里例1中的"少"是适合的，例2中的应改用
"小"。

（三）得体　例如：

1. 他那军人的姿势，商人的笑脸，半文半白的话
语，他觉着很得体。（《仅仅是开始》）

2. 他年青不拘，热情，又能得体地回答学生的问
题。（《狂雨》）

"得体"就是"适合身份"，"姿势""笑脸""话语"
可以说"适合身份"，回答学生问题只有"适当"或"正
确"，和身份无关，所以例1中用的"得体"是对的，例2
中用的很不适合。

（四）凶恶　例如：

1. 杨汉珠摔开她的手，十分凶恶的骂着。（《高干
大》）

2. 师长快乐的跳起来，就要涉水过河，却被警卫员
紧紧拉着不准他下去，他凶恶的推着警卫员的手。（《火
光在前》）

"凶恶"是"行凶作恶"的样子，不能用来写我们所敬爱的战士。所以，例1中的杨汉珠是个二流子，用"凶恶"来描写是适合身分的，例2中的师长是我们的战士指挥员，他那会"凶恶"地对待他的警卫员呢？"凶恶"应改"用劲"，下面的"推着"也不如改用"推开"，才适合他的身份。

三　词语的活用

　　为了使文章生动而有力量，必须力避用词的死板和重复；为了力避用词的死板和重复，必须把词语加以变化而活用。我们都知道：一个词语本来只是代表一个意思，所以我们要表达这一个意思时，我们必须使用这一个唯一的词语，才能正确而适合。但这是就词语的正常用法来说，要是我们要活用词语，那就不能死守这一规律了。而不死守正常规律，也不就等于没有规律，因为活用词语，也有它一定的活用规律的。活用词语的规律，大概说来，可以有如下的五项：一、替换，二、借代，三、寄托，四、伸缩，五、移用。

　　　　　　　　　　在同一个句子里，有时我们必须使用两个
替　　　意义相同的词语，但是如果用了词面也是相同
换　　　的，便要觉得重复单调，那就必须使用替换的
方法，也就是利用意义相同而词面不一样的词语，互相交替

着使用。这样，可使文章显得简洁而生动。这类意义相同而词面不一样的词语，共有两类：勹、同义异形词，夊、否定对待语。

勹、同义异形词的替换　例如：

1. 我长十寸，让他长一尺，咱们一道向前进。（《毕师傅学文化》）

2. 有是二五，没有是一十，反正一样是扛活分份子。（《五号码头》）

3. 喝了是五八，不喝是四十，送来就喝。（《吕梁英雄传》）

4. 农会的工作和村公所的工作还不是半斤八两差不多？（《拍碗图》）

5. 几个女人有点失望，也有些伤心。（《荷花淀》）

6. 寒冷好像会传染，有一个人打哆嗦，所有的人就都寒颤起来。（《突破临津江》）

7. 天底下难找，天外难寻，再没第二个。（《三千里江山》）

8. 一枝不摇，百枝不动。（《晴天》）

9. 讲收成，几年多收七十万担粮，论负担，一年倒比一年轻。（《平妖记》）

10. 他一走我就跟他，他一病倒我就在床上哼，他

一吃饭我就张嘴。(《洋铁桶的故事》)

11. 他向来毒辣，但也赶不上李洛富手黑心狠！(《韩营半月》)

夂、否定对待语的替换 例如：

1. 答的好，写的也不错。(《为了幸福的明天》)

2. 不放他是容易的，赏他一颗匣枪子弹，也不犯难。(《暴风骤雨》)

3. 三营见过坦克的人不多，打过坦克的更其少数。(《一百个钟头》)

4. 你学习跑到头里，我也不甘心落后。(《三里千江山》)

5. 虽说反对他的，不理睬他的，还是很多，不过赞成他的可也不少。(《高干大》)

6. 最好是到了明天，你也不用走，我也且住下。(《石不烂赶车》)

7. 平日不言不语，好静不好动。(《李秀兰》)

8. 香香哭着叫哥哥："你要死了我也不得活，睁一睁眼睛看一看我！"(《王贵与李香香》)

9. 我要死，我不活，难道这也不由我！？(《赶车传》)

10. 像你这样一切为个人打算，对革命只有害处，没有好处。(《新儿女英雄传》)

11. 大树，都是在山林里悄悄地长起来的；珊瑚珍珠也是在海底里不言不语地生出来的；英雄好汉要从百般磨折里炼出来。(《原动力》)

借代 旁借、对代，也是活用词语的方法之一。旁借是不直接用那文章里本来要用的词语，而是把那个所要用的词语的附属事物的名称来代替；对代也是不直接用那文章里本来要用的词语，而是把和那个所要用的词语互相对称的词语来代替。这两种词语活用法，总称就叫做借代。

㈠、旁借 例如：

1. 李进拉着我，急急的逃开堤上这许多笑脸。(《柳堡的故事》)

2. 这是从张家口带出来的聊宝牌。(《炊事员熊老铁》)

3. 赵八庄又送了几只大红公鸡来了。(《黄敏儿》)

4. 不能留你饮三杯，老亲莫怪我没人情。(《平妖记》)

5. 在校里也帮她做做饭做做针线。(《走出以后》)

6. 今天你们是闹了嘴舌啦！（《解疙瘩》）

7. 那个倒挂加拿大的大兵，斜瞪着醉迷糊的红眼圈，一把抓起小筐子。（《乌云遮不住太阳》）

8. 你读过易卜生吗？（《狂雨》）

上面例 1 中的"笑脸"是借人的笑脸来代替那有着笑脸的人，例 2 中的"聊宝牌"是借香烟的牌子名称来代替叫那个牌子的香烟，例 3 中的"赵八庄"是借所住地方的名称来代替住在那个地方的人，例 4 中的"杯"是借用来盛酒的器物的名称来代替那器物里的酒，例 5 中的"针线"是用那缝补用的工具和材料来代替缝补工作，例 6 中的"嘴舌"是借那争论用的工具名称来代替互相争论，例 7 中的"加拿大"是借造枪的国土名字来代替那地方所造的枪，例 8 中的"易卜生"是借作者名字来代替这个作者所写的作品。

夂、对代 例如：

1. 她和她武娃哥一人搯一背柴，柴比人还宽四五倍。（《第一个新年》）

2. 打架斗殴成了家常便饭。（《村仇》）

3. 你近来在动什么脑筋？（《柳堡的故事》）

4. 报喜来的？那里来的喜？（《韩秀贞》）

5. 快一个月没听见火车了！（《三千里江山》）

6. 我不觉也红了脸。(《我的两家房东》)

7. 过去也是一个大字不识的文盲。(《为了幸福的明天》)

8. 在一辆相熟的肉车子旁边,田耀武遇见了俗儿。(《风云初记二集》)

上面例1中的"人"是借全体的人来代替"她和她的武娃哥"两个,例2中的"家常便饭"是借家常事中的一部分来代替全部"家常事",例3中的"脑筋"是借用具体的名称来代替抽象名称"思想",例4中的两个"喜"是借用抽象的名称来代替具体名称"喜事",例5中的"火车"是借用声音的发源来代替结果"火车声",例6中的"红了脸"是借用害臊的结果来代替原因"害臊",例7中的"大字"是借用一个特殊的字来代替那一般的"字",例8中的"肉"是借用一般的肉来代替那特殊的肉"猪肉"。

寄托 | 寄托是不用作者本来要说的事物的名称,而用别的事物的名称说出来。这种别的事物,有的因为读音相同,有的因为意义相同,有的因为形态相同,有的因为性质相同。把本来要说的事物,寄寓在别的事物的身上,所以叫做寄托。寄托又可分为:丨、双关,乂、比拟,冖、譬况三类。

ㄅ、双关　例如：

1. 不抽烟来不喝酒，老九的兄弟老实人。（《平妖记》）

2. "哈！模范！又是馍馍又是饭！"（《领导》）

3. "飞鸡，要下蛋了，你看着急找窝哩！"（《风云初记》）

4. "你这个刁娘们，放完鸭子，又放鹅（讹）了。"（《江山村十日》）

5. "这下子竟做了流亡（刘王）乡的乡长啦，怕死鬼，怕死鬼，我们这里不要你！"（《"头难"》）

6. "你的入党问题也批准了，从今以后，你可得努力生产呀！"（《老桑树底下的故事》）

7. 金桥真是桥，每逢语言不通，武震便要叫："过不去河啦，搭桥啦！"有金桥在场，谈话便顺利了。（《三千里江山》）

8. 他说："你正月十五卖门神，没用啦！"（《张治国的故事》）

9. 可就要小心点，别露了馅子啊！（《粮食》）

10. "头疼要扎头，脚疼要扎脚，"张二评论道："头疼你在脚上下针，白受罪！我说为变工没说辞，旁的咱不晓得。"（《种谷记》）

上面例1到例5，都是谐音双关，例6到例10，都是借义双关。

攵、比拟　例如：

1. 小鹅鹏唱着歌。（《开不败的花朵》）

2. 这会嘴巴也翻身了嘛！（《幸福》）

3. 黑云里红红的太阳伸出了头。（《活人塘》）

4. 这小妖精一面给刘在本捶背，一面给他灌了许多迷汤。（《血尸案》）

5. 江明沉默了，不知怎样才能摔开这条纠缠的毒蛇。（《狂雨》）

6. 门开了，一个又干又瘦的黑老鸦走出来。（《不疲倦的斗争》）

7. 天空腾起更多"小燕子"，来往回旋，每架后尾都拖着道白烟。（《三千里江山》）

8. 从灰色院飞出的四福堂少财主的"侦察机"，盘旋得也比平日更久。（《种谷记》）

上面例1到例3，是把东西比拟成人，例4到例6，是把人比拟成东西，例7例8是无生命的东西和有生命的东西互相比拟。

一、譬况　例如：

1. 二妹子的脸红得像太阳。(《柳堡的故事》)
2. 李家像一窝狼一样呀！(《韩营半月》)
3. 脸熏得像山鬼，乌黑一片。(《三千里江山》)
4. 现在的合作社已是群众的仇人了。(《高干大》)
5. 孙颜秀啊！是咱穷人头前的一盏灯。（《孙颜秀》)
6. 眼泪便是最有力的语言。(《为孩子们祝福》)
7. 就是脾气有点牛，我也不见你的气。(《说媒》)
8. "你的大舅娘心眼可奸啦！拿着酸楂糕当成甜饽饽，认准一条道跑到黑。"(《江山村十日》)
9. 两人都吓得两腿弹琵琶，急的心里敲小鼓。(《东西李庄的故事》)

上面例 1 到例 3 是显明的譬况，例 4 到例 6 是隐暗的譬况，例 7 到例 9 是借用的譬况。

伸缩　为了使语言流利和简便，把短的词语伸长，把长的词语缩短，这也是活用词语的方法之一。在这里，化短为长不能算重复，化长为短也不能算脱漏，因为这样的变化，不是作者的处理不当，而是作者有意的布置。伸缩的方法，约有三种，就是：勹、复叠，

ㄠ、节缩，ㄧ、镶嵌。

ㄅ、复迭　例如：

1. 王光文仰脸看了下天上刚出来的几颗星星。（《决斗》）

2. 好像一个六七岁的娃娃那样拗性。（《高干大》）

3. 这些沟沟里不知怎么就流出了水，这里一道，那里一道，顺南北沟沟流来。（《腊梅花》）

4. 林秀看见曹团长很沉着，随便说说笑笑。（《开不败的花朵》）

5. 谁给你拆拆洗洗缝缝补补的？（《说媒》）

6. 他很想到外面去玩玩，换换空气。（《黄敏儿》）

7. 大伙都是富富足足和和美美的，再也没有什么大不痛快的事情了。（《东西李庄的故事》）

8. 红红的脸孔，也很光润。（《老胡的事》）

9. 个子不小，圆圆脸，眼大大的。（《刘胡兰》）

上面例1到例3是叠用指称词，例4到例6是叠用叙述词，例7到例9是叠用描写词。它们都称为复叠词。

ㄠ、节缩　例如：

1. 在考的时候，我问过村教委。（《走出以后》）

2. 苏联生活！苏联生活！（《仅仅是开始》）

3. 我算个什么劳模呢？（《为了幸福的明天》）

4. 县长初中毕业后，在县里做过党官。（《金锁》）

5. 这全县的联络员，百分之九十九，都向着八路。（《游击队长》）

6. 朕是一国之主，这是朕死国的时候了！（《李闯王》）

7. 每天，飞机"空投"的大米、罐头、饼干，都是当官的。（《决斗》）

8. 抗战八年没觉自己不行过，这回一下揭了我的老底。（《韩营半月》）

9. 去年初步实行土改时她也分到了一点地。（《说媒》）

上面例句里加着重号的词语，例 1 到例 5，都是节缩复词，例 6 到例 9，都是节缩短语。它们都称为节缩词。

一、镶嵌 例如：

1. 会场被五光十色的各地送来的贺仪挂满。（《浅野三郎》）

2. 老蔡看他油腔滑调，满嘴胡说，心里很生气。（《新儿女英雄传》）

3. 后来熟了，便把听来的闲言冷语也告诉了他。（《原动力》）

4. 小五圩的敌人，从此跟着火花，冻块，四分五裂的散了。（《活人塘》）

5. 钱大队长带着七零八落的队伍，已经一口气跑了十几里。（《平原烈火》）

6. "哎！哎！成天穷吵穷闹的！"（《冤家夫妻》）

7. 月光下却看得一清二楚。（《永生的战士》）

8. 要是我有个一差二错。（《仅仅是开始》）

9. 这号马，十冬腊月天，一身毛退得溜干二净，冷的直哆嗦，出不去门。（《暴风骤雨》）

上面例句里加着重号的词语，例1、2、3是指称词中镶嵌的数目词和描写词，例4、5、6是叙述词中镶嵌的数目词和描写词，例7、8、9是描写词中镶嵌的数目词和其他词。这些指称词、叙述词、描写词本来都是联合复词，所以称为镶嵌词；如果是两个可以并列的单词，在同一句子里作复合成分用，而又各另加附从词，那么是反复语而不是镶嵌词了。

移用 移用是把本来只能用来影响甲实体的动作的叙述词，却移来叙述影响乙实体的动作；本来只能用来描写甲实体或甲动作的描写词，却移来描写乙实体或乙动作；本来只能用来指称甲实体的指称词，却移来指称和甲实体全不相干的别的事物。但也不是盲目的、无规律的移用，而都是一种有规律的修辞方法。这类移用的词语共有三种：ㄅ、拈连，ㄆ、移就，ㄇ、摹状。但这里的摹状和修辞法所讲的范围不同，而且不包括模拟声音，因为模拟声音不属于移用范围之内。

ㄅ、拈连　例如：

1. 水和冰冷透了心。（《永生的战士》）

2. 地里能长出庄稼，也能长出办法。（《高干大》）

3. 你有铁大门，关不住我的心；你有金大楼，压不住我的命！（《赶车传》）

4. 别说机器上了锈，咱们双手也上锈啦。（《原动力》）

5. 饭是凉的，炕是凉的，连心都凉透。（《暴风骤雨》）

ㄆ、移就　例如：

1. 护士班长和听见的人们，都用尊敬的眼色盯着这位年青的英雄。（《原动力》）

2. 她一连声儿答应，一路喜在眉头，笑在心头的回

家来。(《黑牡丹》)

3. 这日子真甜呢。(《水风砂》)

4. 喜事　一天一天逼到跟前。(《三千里江山》)

5. 头鸡已经在啼了，一声，两声……（柳堡的故事》)

一、摹状　例如：

1. 白花花一片——不知道那里是河那里是路。(《火光在前》)

2. 那黑忽忽[1]的一片是什么地方？(《仅仅是开始》)

3. 他那黄姜姜的脸，现在生了气，青一块，黄一块，白一块，变得更加难看。(《不疲倦的斗争》)

4. 太阳从东边起来，红橙橙的照在广阔的东科尔沁中旗草原上。(《开不败的花朵》)

5. 到春天，便绿葱葱的铺满了整个土冈子。(《老桑树底下的故事》)

6. 冰上闪着青幽幽的光。(《新儿女英雄传》)

7. 陈二瘸子水肿脸，冻得紫吊吊的。(《江山村十

---

〔1〕黑忽忽：今写作"黑乎乎"。

日》）

8. 一会在碧沉沉的海上，发现了一个小黑点。（《海上的遭遇》）

9. 这个窑洞自从那天晚上以后，就变得冷森森的。（《乌鸦告状》）

10. 敌人的炮舰，慢腾腾的，神气很傲慢。（《前进》）

11. 姚志兰今年十八岁了，长得细挑挑的，两只眼睛水灵灵的，……（《三千里江山》）

12. 锅里正凝结着厚墩墩的深红色的砒块。（《红花朵朵开》）

13. 四周静悄悄，路上没有行人。（《土地》）

14. 庄西头的课堂内外正乱哄哄的。（《柳堡的故事》）

15. 屋子里已经点好烛，亮堂堂的。（《诺尔曼·白求恩断片》）

16. 谁也是空洞洞的，像丢了个什么东西，又没法填补。（《前进》）

17. 算账、减租、回地、找地、分粮，……热辣辣的干开了。（《吕站长》）

18. 那又长又密的睫毛附在眼皮上，毛茸茸地，一笑，真是美极了。（《为了幸福的明天》）

过去所谓摹状法，只有摹色、摹声两种，摹声的这里不谈，我们看了上面的例子，可见在摹色之外，还可以摹形态、摹性质、……什么都可以模拟。只是摹色的用得最多，每种颜色都有模拟；而且同一颜色，还有种种不同的模拟法。现在举黑色来做例子，随便举来，已有三十几种之多：

1. 天是黑黝黝的。（《浅野三郎》）

2. 眨眼，黑糊糊的长蛇驰过来了。（《在日寇投降的时候》）

3. 只见里面黑幢幢的，人影很杂乱，同时有很多人说话。（《桑干河上》）

4. 野外，一丛黑森森树林。（《战火纷飞》）

5. 他媳妇儿黑滋滋大脸盘，半大的一双脚儿，娘家是个富农人家，从幼也学会上坡、纺线，粗细活儿都会干一点子。（《乌云遮不住太阳》）

6. 推开门一看，只见黑黝黝的，心里好不奇怪。（《洋铁桶的故事》）

7. 晚上睡到床上，一闭眼，便看见妈妈苍白的头发，妹妹黑溜溜的眼睛。（《吕梁英雄传》）

8. 我睁开眼睛，窑里还是黑洞洞的，窗户纸上透过一点点淡白。（《三日杂记》）

9. 钱万里趴到窗玻璃去看，可是院里黑忽忽，只觉很多人，看不清是谁。(《平原烈火》)

10. 不大一会，弄得黑压压的满院子是人。(《摔龙王》)

11. 他极目四望，围绕着村子三面的，都是黑丛丛的树林。(桑干河上》)

12. 这个黑法，好比乌云堆满了天，好比那无底洞儿黑沉沉，好比那黑夜只等电闪光。(《地雷阵》)

13. 远看黑兀兀一片荒林，只有萤火乱飞。(《火光在前》)

14. 高黑女一听出是刘栓儿，睁眼一看，周围黑漆漆的，便全身发颤。(《乌鸦告状》)

15. 农会的院子里，黑鸦鸦的一大片，尽是来自萧队长的人。(《暴风骤雨》)

16. 燕燕一看：比自己低一头，黑光光的小头发，红红的小脸蛋，两只小眼睁得像小猫，伸直了他的胖手，手背上还有五个小窝窝。(《登记》)

17. 李勤得了早锄的好处，地里没有草，苗子抗旱，一棵也不缺，长的黑油油的。(《李勤和张俭》)

18. 教员是一个海殻儿老李，精悍身材，秃头，黑苍苍脸上，长着伙伙儿。(《一个女人翻身的故事》)

19. 他伸着脖子望了望，前面黑虎虎的两排高墙。

（《仅仅是开始》）

20. 鬼子看她挺漂亮，又见了小梅那一对黑亮亮的大眼睛，他早就眼馋，着迷了。（《新儿女英雄传》）

21. 整个黑魆魆的山区，冒着千万条红光火线，劈利噗出的像在煮一大锅稀饭。（《铺草》）

22. 迎红：（美慕地）哎！老总！这叫什么枪？哎呀！光溜溜！黑堂堂的！（《翻天覆地的人》）

23. 黑狸狸的猫儿钻呀钻水道，他秘密的工作做呀做的好，一群群的羊儿两角两分开，刘志丹和受苦人分呀分不开。（《人民英雄刘志丹》）

24. 别说窑洞黑麻麻，心可亮哩——鬼子到那里咱都清楚，外面粮食也不要咱操心。（《窑洞阵地战》）

25. 刘长水眼看着天空里溜溜转黑晶晶的手榴弹头，"呀"的一声跌下炮身，恰好手榴弹在他头前爆炸了。（《仅仅是开始》）

26. 闷热热黑呼呼〔1〕的，什么也看不见，天阴的正沉着哪！（《成长》）

27. 曹团长看了看，前边可不是黑隆隆的，又高又大，真像沙坨子上的榆树茅子，有几颗星星落在它的树梢头上。（《开不败的花朵》）

---

〔1〕 黑呼呼：今写作 "黑乎乎"。

28. 黑乌乌的枣树林里，走出一小队人马。(《白求恩大夫》)

29. 他望着面前黑茫茫一片，他下了决心，——不能停止，停止，敌人会失去，只有坚决的前进！顽强的前进！打破一切困难前进。(《火光在前》)

30. 窄窄的门缝里，到处是黑沙沙的头发和扎扎撒撒的胡子。(《在零下四十度》)

31. 一阵暴风雨过去了，昏沉沉的天空刚亮一亮，黑密密的浓云又从西边天际飞涌上来。(《投递员罗羌》)

32. 不一会，眼前出现了黑魆魆的一个村庄，踏过外壕的吊桥，走进村子去。(《新的开始》)

33. 夜晚，天上的星星照眼明，地下灰苍苍，两条铁轨闪着青光，爬向前面黑楚楚的城市去。(《仅仅是开始》)

34. 黑灿灿的，大眼睛——是咱们电务段的。(《三千里江山》)

35. 天黑乎乎的了。(《晴天》)

36. 头发有寸数长，黑碴碴的连鬓胡。(《光棍汉》)

此外，摹色还有一种用法，就是"乌黑""墨黑""漆黑"等，其他颜色有"橙黄""橘黄""血红""雪白""碧青"等，都把所摹的事物放在颜色名的前面，但使用在句子里，没有前面所引那些生动灵活。

中篇　构造句子

一　句子的种类

写作上句子种类的区别，完全和写作上词语种类的区别一样，也是依据它们在文章里所起的作用来决定的。因此，这个句子里面的主要词语是属于什么种类的词语，它也就是一个属于什么种类的句子。根据这种情况来决定句子的种类，可以丝毫不会发生错误。

句子的种类，大约可以分为如下的五类：一、叙述句；二、描写句；三、判断句；四、表达句；五、联络句。

叙述句的主要词必定是个叙述词。描写词如果也是用来叙述事物的行动的，那么就它的作用来说，也等于是个叙述词。因此，凡是句子里的主要词如果是个叙述词，或是叙述性的词语，或是叙述性的子句，那么这个句子必定是个叙述句。

叙述句可以有如下的三种构造形式：

夕、用叙述词做谓语　例如：

1. 我**去**。（《张治国的故事》）
2. 他亲亲热热的**握着**张初元的黑手。（《张初元的故事》）
3. 胶皮轱辘**在**草地上滚。（《开不败的花朵》）

上面例句中的谓语"去""握着""在"和"滚"都是叙述词，所以这些句子都是叙述句。

女、用描写词叙述动态　例如：

1. 我没**低**过头。（《火光在前》）
2. 他想去**灵通灵通**消息。（《土地》）
3. 群众看见有了领袖，就**壮大**了胆子。（《火烧震东市》）

上面例句中的谓语"低""灵通灵通""壮大"都是描写词，但它们都用来叙述事物的动态，所以这些句子也都是叙述句。

一、用叙述性子句做谓语　例如：

1. 这闺女**名叫杨树花**。（《说媒》）

2. 最前边一匹马上的青年战士左肩斜披着鲜红的宽绸带。(《决斗》)

3. 这时天空中突然闪电大作。(《火光在前》)

上面例句中的谓语"名叫杨树花""左肩斜披着鲜红的宽绸带""天空中突然闪电大作"都是叙述性子句，所以这些句子也都是叙述句。例3的子句"天空中突然闪电大作"，它的谓语"闪电大作"也是个子句，而且也是个叙述性子句，所以整个句子更是个叙述句。

描
写
句

描写句的主要词必定是个描写词。如果用指称词做谓语，而它的附加语也是描写词时，那么这个短语也等于是描写词。因此，凡是句子里的主要词如果是个描写词，或是其他描写性的词语或子句，那么这个句子必定是个描写句。

描写句可以有如下的三种构造形式：

夕、用描写词做谓语 例如：

1. 屋子沉静。(《开不败的花朵》)

2. 态度又那么粗暴。(《高干大》)

3. 太阳暖和得像秋天。(《土地》)

上面例句中的谓语"沉静""又那么粗暴"和"暖和"

都是描写词或描写语，所以这些句子都是描写句。

夂、用附加描写词的指称描写静态　例如：

1. 上房里明灯亮烛。(《团支队大闹平川》)
2. 渐渐的大胆了。(《浅野三郎》)
3. 要我小心了又小心，要快去快回。(《谁是亲》)

上面例句中的谓语"明灯""亮烛""大胆""小心"都是个主从短语，主词"灯""烛""胆""心"都是指称词，附从词"明""亮""大""小"都是描写词，这些主从短语都用来描写事物的静态的，所以这些句子也都是描写句。

一、用描写性子句做谓语　例如：

1. 自己先就心虚。(《张初元的故事》)
2. 外面情形很紧张。(《不疲倦的斗争》)
3. 五龙堂村儿不大。(《风云初记》)

上面例句中的谓语"心虚""情形很紧张""村儿不大"都是描写性子句，所以这些句子也都是描写句。

判断句的主要词必是个判断词。一个句子如果用判断词做谓语，或用判断词帮助谓语，那么不论这个句子的表语或宾语是个起什么作用的词语，它必定是个判断句。这里所谓判断词，除了语法上的所谓同动词外，还包括大部分决定未来行动的助动词。

判断句也可以有如下的三种构造形式：

勹、用判断词做谓语　例如：

1. 共产党是工人阶级的党。（《双红旗》）
2. 我的儿子在八路军。（《开不败的花朵》）
3. 全家没吃的。（《张初元的故事》）

上面例句中的谓语"是""在""没"都是判断词，所以这些句子都是判断句。

夂、用判断词帮助谓语　例如：

1. 他还能批评自己。（《张初元的故事》）
2. 中国人民一定要胜利的。（《关向应同志在病中》）
3. 你们两个应该好好地合作。（《原动力》）

上面例句中用来帮助谓语的"能""一定""应该"也都是判断词，所以这些句子也都是判断句。

一、用判断性的子句做谓语 例如：

1. 他肚子里有鬼气。（《张初元的故事》）
2. 郭全海心里正没有好气。（《暴风骤雨》）
3. 于锐同志理论水平是很高的。（《永远向着前面》）

上面例句中的谓语"肚子里有鬼气""心里正没有好气"和"理论水平是很高的"都是判断性子句，所以这些句子也都是判断句。

表达句 无论它原来是个叙述句，或是个描写句，或是个判断句，只要另外加用表达词，或标点符号里的问号（？）和感叹号（！），我们就叫它做表达句。所以，只有纯粹的叙述句、描写句和判断句，而表达句总是兼有其他句子的作用。

表达句可以有如下的三种构造形式：

㇆、兼叙述句 例如：

1. 请等着抱外孙吧。（《三千里江山》）
2. 你这天仙女，我能舍下？（由鬼变人》）

3. 右舵！ 逼近敌人！（前进》）

上面的三个例句，它们原来都是叙述句，但例1加用了表达词"吧"，例2加用了标点符号问号，例3加用了标点符号感叹号，所以它们都是表达句兼叙述句。

攵、兼描写句 例句：

1. 岭上的风声也小了。（《在零下四十度》）
2. 你手指头痒了？（开不败的花朵》）
3. 劳动英雄最光荣！（双红旗》）

上面的三个例句，它们原来都是描写句，但例1加用了表达词"了"，例2加用了标点符号问号，例3加用了标点符号感叹号，所以它们都是表达句兼描写句。

一、兼判断句 例如：

1. 都是好百姓啊。（《新儿女英雄传》）
2. 你准知道他能成事？（《风云初记》）
3. 又不是叫你作报告！（《张治国的故事》）

上面的三个例句，它们原来都是判断句，但例1加用了表达词"啊",例2加用了标点符号问号,例3加用了标点符号感叹号,所以它们都是表达句兼判断句。

联络句 凡是由两个或两个以上的分句造成的句子,我们都叫它做联络句。联络句中各分句的联络,有的不用联络词,有的却用联络词,有的还用成对的联络词,都须看句子的需要与否而定。

联络句只有如下的二种构造形式:

ㄅ、不用联络词 例如:

1. 四五年的新年,处处锣鼓声,庄庄秧歌戏。(《李秀兰》)

2. 刘小七看见老婆心眼转过来,自己吊着的心扑通一下落下来。(《由鬼变人》)

3. 说起朱元清,远近十几里地是无人不知,无人不晓的。(《莫忘本》)

4. 民国三十一年秋里,敌人在离张初元村十来里的地方扎下据点,三天两头出发抢粮,杀人,烧房子。(《张初元的故事》)

上面的例句里都没有联络词,但它们都是由几个分句联合起来构造成的,所以都是联络句。

文、用联络词

（一）单个的　例如：

1. 你一说话，我就知道老朋友来了。（《种谷的人》）

2. 世道变了，人也变了！（《由鬼变人》）

3. 当时因为天色还早，队伍先在村里住下来。（《团支队大闹平川》）

4. 那个太太被吓坏了，想赶快再躲起来，可是李义和叫住了她。（《吕站长》）

上面四个例句，例1用联络词"就"，例2用联络词"也"，例3用联络词"因为"，例4用联络词"可是"把两个分句联络起来，所以都是联络句。

（二）成对的　例如：

1. 他一面左盼右顾，听着，一面焦灼地等待着小龙的回音。（《赴死》）

2. 这丁桥河小学是"八大家"专门培养地主子弟的学校，虽然经费是从农民身上括来，可是农民从来没有上学的份儿。（《火烧震东市》）

3. 李义和知道是说差了，因为对方是个妇道人家，

又比自己矮了一辈，所以还是摆出不服气的样子。(《吕站长》)

4. 等到火旺了，他才唤起妻子和孩子们。(《老胡的事》)

上面四个例句，例 1 用联络词"一面……一面"，例 2 用联络词"虽然……可是"，例 3 用联络词"因为……所以"，例 4 用联络词"等到……才"把两个分句联络起来，所以也都是联络句。

此外还有许多的句子，它一身兼有两种作用，单是依据它的主要词来看，它应是属于某种作用的句子，但实际上附属于它主要词前后，或跟着主要词来的却是个属于另一种作用的词。因此，它是同时能够发生两种作用的句子。这些句子可分为如下的四种：

(一) 叙述兼描写句　例如：

1. 战争在更残酷的进行着。(《浅野三郎》)

2. 徐部长躺在床上已睡得很熟了。(《白求恩大夫》)

3. 可从来没有像今天这样说话柔和亲热。(《相思树》)

（二）描写兼叙述句　例如：

1. 濛濛雨越下越密。（《幸福》）

2. 我们的眼像老虎，瞪得红红的！我们的嘴像狮子，张得大大的！（《在零下四十度》）

3. 穿的棉衣服和背上背的棉被都被雨淋得透湿。（《腊梅花》）

（三）判断兼叙述句　例如：

1. 李大嘴有些发烧了。（《江山村十日》）

2. 王明几乎是把她抱进屋子的。（《浅野三郎》）

3. 这闺女就是他套着大车去接来的。（《相思树》）

（四）判断兼描写句　例如：

1. 你这样做是对的。（《白求恩大夫》）

2. 气性却是挺大。（《相思树》）

3. 他就是脾气臭。（《不疲倦的斗争》）

上列许多例句，还都可加用表达词或标点符号的问号（？）或感叹号（！）而成为表达兼其他作用的句子。

此外，还可以有判断兼叙述兼描写句，判断兼描写兼叙述句，还可以有表达兼上列两种作用的句子，……总之，一个句子的作用可以极单纯，也可以极复杂，全要看里面的各主要词及句子的组织形式来决定。

二　造句的条件

甲　明确

句子是用来表达一个独立完整的意思的，所以构造句子的第一个条件，是要使意思明确。什么是明确呢？我们要表达这样一个意思，那么构造的句子也一定就是表达这样一个意思，丝毫不能有什么不同，这就是明确。它和选词要正确差不多，不过选词是以一个词语的意思为单位，它是以一个句子的意思为单位，一个词语的意思，只要用得正确就是，一个句子的意思，在正确之外，就非还要明显不可。

要句子的意思明显与正确，必须做到：一、形态正常，二、意思完整，三、关系清楚。

**形态
正常**　　　所谓形态正常，乃是说组成句子的各个成分，都须放在一定的位置上，不能随便移置。句子里各个成分的位置，根据现在通行的本国语言的习惯来说，它们的正常次序是主语在最前，其次是谓语，再次是宾语或表语，附加语必在各个被附加的词的前后。但是如果在引用外国人的说话或方言语的时候，那就不妨依照外国语或方言语的原来形态，不一定要把它们改成本国通行语的次序，才算是正常形态。

正常的句子形态，主要成分比较固定，附加成分有前有后，但在前在后也有一定。

勹、比较固定的主要成分位置

（一）现在通行的本国语言　例如：

1. 月娥不出声。（《土地》）
2. 阎成福是这个故事里的主角。（《无敌三勇士》）
3. 柳依的肥胖的身体沉重地斜靠在椅子上睡着了。（《原动力》）

上面例1中，"月娥"是这个句子的主语，"出"是谓语，"声"是宾语，"不"是"出"的附加语；全句的次序是：主语、谓语、宾语，谓语的附加语在谓语的前面；这个次序是很正常的。例2中，"阎成福"是句子的主语，"是"是谓语，"主角"是表语，"这个故事里的"是"主角"的附加语；在这个附加语里，"这个"是"故事里"的附加语，"故事"又是"里"的附加语；全句的次序，是：主语、谓语、表语，表语的附加语，附加语里的附加语，都在表语和被附加词的前面，所以次序也是很正常的。例3中，"身体"是主语，"靠"和"睡着"是联合谓语，"柳依的""肥胖的"都是"身体"的附加语，"沉重地""斜""在椅子上"都是"靠"的附加语，"在椅子上"，"椅子上"是"在"的副宾语，"椅子"是"上"的附加语；全句的次序是：主语、谓语，主语的附加语在主语的前面，谓语的附加语在谓语的前后，副宾语的附加语在副宾语的前面，这个次序也是很正常的。

（二）引用外国人说的话　例如：

1. 她摇着头说："不是，我是这个村的，小小年纪，中国辑安的住过，小小的会中国话。"（《松平里》）

2. 郑干用不熟练的中国话说："白天出来的不要，小心，我们负责任有！"（《咱们都是同志》）

3. "你金子的在那里？为什么炸弹的有？"（《地覆天翻记》）

上面例1和例2都是朝鲜人用中国语音和朝鲜语法说的话，例3是日本人用日本语法学说的中国话，因为是引用，所以全照原来的次序。如果改成中国语的次序，应该是：

1. "不是，我是这个村的，很小的时候在中国辑安住过，所以会说一些中国话。"

2. "白天不要出来，小心，我们是负有（保护你的）责任的。"

3. "你的金子在那里？为什么会有炸弹？"

（三）引用方言语　例如：

1. 给你滚的喝一点开水吧！（《张玉兰参加选举会》）

2. 老子看见把你牵心好几绽。（《刘巧团圆》）

3. 老爷作下什么见不得人的事啦你告哩？（《王丕勤走南路》）

上面的例句，因为是引用对话，所以它们的次序都是照方言直写的；从方言来说，这种次序当然是正常的，我们如果把它们改成通行语，那就成为：

1. 给你喝一点滚的开水吧！

2. 老子看见你这样，心里好不把你牵挂。

3. 你要上告，是为了老爷作下了什么见不得人的事呢？

夂、或前或后的附加成分位置

（一）助动词　例如：

1. 她会回来的。（《地雷阵》）
2. 你必须看到每一个人都是你的兄弟，你的父母。
（《诺尔曼·白求恩断片》）
3. 今天晚上不回来，明天一定回来。（《怀义湾》）
4. 雷老婆轻轻的走出来。（《雷老婆》）
5. 打扫起来，却也有劲。（《卫生组长》）
6. 背包袱的货郎子走过来。（《吕梁英雄传》）

上面例1、2、3中的助动词"会""必须""一定"，放在它们所帮助的动词"回来""看到""回来"的前面；例4、5、6中的助动词"出来""起来""过来"，放在它们所帮助的动词"走""打扫""走"的后面。

（二）附动词　例如：

1. 他们在苇塘边儿上布置开。（《新儿女英雄传》）
2. 我就顺着河槽走了。（《我的两家房东》）
3. 吴天宝用手摸着头。（《三千里江山》）
4. 邱队长介绍给我们，同时也把我们介绍给他。

118　　　习作初步

（《怀义湾》）

5. 女人还是呆呆坐在院子里等他。（《荷花淀》）

6. 三个人回到雷石柱家里。（《吕梁英雄传》）

上面例1、2、3中的附动词"在""顺""用"，都和它们所带的副宾语，放在动词"布置""走""摸"的前面；例4、5、6中的"给""在""到"，都和它们所带的副宾语，放在动词"介绍""坐""回"的后面。

以上所举，不过是一些普通的正常次序的例子。如果不按照正常次序，而把它们颠倒放置，乃是变化句子。只要也遵守一定的规律，句子是可以变化的。不过照一般的来讲，变化句子是进一步的造句方法，所以普通的正常次序，还是一个初步学习造句的人所应当遵守的。

意思
完整

上面所讲形态正常，乃是属于句子形式方面的事，这里讲的意思完整，乃是属于句子内容方面的事。一个句子里各成分的次序，尽管放置得非常合适，一些也不违反本国语言的正常习惯，但是如果漏掉了一个不能漏掉的词语，那么句子的意思就要失去完整，读者还是要不能明确懂得整个句子所要表达的意思的。

一般的漏掉词语，比较的容易发现，问题是在有些词语，照语法规律来讲，因为上下文重复，或整个句子重复，可以只留其中的一个，而把其余的省去，或改用代词来代替；但从修辞来说，为了加重语气，或是加强印象，必须把同一的意思反复或是重复的表达。如果把这一种词语或句子也省去了，却一时不易发现出来，只觉得整个句子语气无力，印象模糊。这样，意思就不完整，而也就不能明确地表达出作者所要表达的意思。后面都是不可省略的例子。

夕、不可省略的重复词语

（一）重复主语　例如：

1. 金子再也不悲伤了，金子高兴的笑了，金子眼前一切都是新的……（《孙颜秀》）

2. 有的背口袋，有的扛着斗，有的手打天，有的手拍地。（《赶车传》）

3. 他只知道他是有名的"文化干事"，三句话可以和一个新同志混熟，三句话可以逗得人哈哈大笑，三句话又可以说得对方脸红。（《在零下四十度》）

4. 刘：（大怒）我刘宗敏怎么样？——我刘宗敏没有对王爷不忠心，我刘宗敏没有出卖朋友，我刘宗敏没有从西安上书给崇祯皇帝——！（《李闯王》）

5. 好，欢乐吧，折聚英！歌唱吧，折聚英！更努力吧，折聚英！更进步吧，折聚英！（《一个女人翻身的故事》）

（二）重复谓语　例如：

1. 那青丝样的线条飘过了家雀窝，飘过苞米楼子，飘过房和马棚的顶梢。（《江山村十日》）

2. 阳光便从北岸照到桥头，照到江上，照到南岸。于是桥亮了，江亮了，南岸也亮了。（《三千里江山》）

3. 没有狗吠，没有鸡叫，没有人声，仿佛大地上所有的声音，都在刚才战斗中发完了似的，现在全成了哑子。（《白求恩大夫》）

4. 现在，全村讲团结，互助组里讲团结，谁家也讲团结，就是刘小七和他老婆还没有团结。（《由鬼变人》）

5. 县公署想请示顾问官——找不到；宪兵队想请示顾问官——找不到；警备队想请示顾问官——也找不到。（《碉堡线上》）

夂、不可省略的反复语句

（一）反复同词语　例如：

1. 你们说说，你们说说，这不就是军民一家么？（《仅仅是开始》）

2. 老杨你做做好事,把他放了吧,把他放了吧!(《高干大》)

3. 兵团要求:——今晚一定渡江!今晚一定渡江!(《火光在前》)

4. 杀了我!杀了我!你也不叫我欢喜!(《赶车传》)

5. 千刀万剐报仇恨,千刀万剐报仇恨。(《刘胡兰》)

(二)反复同义句 例如:

1. 只要我们有决心,天高也能攀得上,地厚也能凿得穿!(《前进》)

2. 向我们组长学习!向我们组长看齐!(《红花朵朵开》)

3. 只要打毁了蒋贼,田边就打了铁墙,饭碗就添上金箍!(《一支运粮队》)

4. 却从来也不说累,也不把忙挂在嘴上。(《为了幸福的明天》)

5. 小门小户的,她看不上眼,穷庄稼人,她相不中。(《江山村十日》)

上面例子里的许多重复的词语和句子，都是合于修辞规律，不能因是重复而省掉的；后面则是一些一般性的漏掉词语的例子：

1. 白大嫂子抱起孩子慌忙走到灶炕边，抓一把（ ）塞在扣子头上的血坑里。（《暴风骤雨》）

2. 阿毛一口气跑到饭堂里，黄豆大的汗珠（   ）直滚，跑到那里，上气不接下气，喘个不息，半天说不出话来。（《小心火爆》）

3. 王大娘心软也陪（   ）流泪！（《铺草》）

4. 虽然上面说了许多自己克服技术上困难的经验，但这有什么值得保守（   ）呢？（《师徒合同》）

上面例1中"抓"的后面缺少用指称词做的宾语，因此没有表达出"抓"的是什么来；例2中"汗珠"的后面应有"在额上"三字，否则和上下文不发生关系；例3中"陪"的后面应有表达词"着"字；例4中"保守"后面应有宾语"秘密"，或去掉"保守"而把"秘密"做叙述词用，句子的意思才都完整。

关系
清楚

在一个句子里面，如果词语和词语之间的关系处理得不清楚，也要妨碍句子的明确。所谓词语和词语之间的关系，包括极广。但这里不讲各成分间的相互关系，因为那是语法上的事；这里要讲的，只是一般语法所不注意的，如：夕、时空关系，夂、数量关系，宀、条件关系等。

夕、时空关系

（一）"在……里（或'中'）"和"在……外（或'之外'）" 例如：

1. 一进院子就听见李菊人的女人正在屋里唱"玉堂春"。（《风云初记二集》）

2. 不过要在好多钱里挑一个罗汉钱可很不容易。（《登记》）

3. 她们自己觉到了荣耀，在众人心中引起了钦佩。（《风云初记》）

4. 姜明山仍旧在人圈之外，慢慢地吃着。（《领导》）

5. 他辞了出来，在大门外，遇到一个小学生，挟着书包，满脸含笑跑进来。（《暴风骤雨》）

上面例句中表示空间关系的"在……里"和"在……外"，有的是表和主语的关系，如例1"在房里"的是主语"李菊人的女人"，例4"在人圈之外"的是主语"姜明山"；有的是表和"宾语"的关系，如例2"在好多钱里"

的是宾语"罗汉钱"，例3"在众人心中"的是宾语"钦佩"；有的是兼表主语和宾语的关系，如例5"在大门外"的是主语"他"和宾语"小学生"。

（二）"在……上"和"在……下"　例如：

1. 刘群趴在指挥所后边的地上，衣裳滚上了沙子，手里掐着一支六轮子。（《开不败的花朵》）

2. 在任何详细的地图上，都找不到它。（《英雄汉》）

3. 两颗热泪滴在张区委的血红的绳索上。（《赴死》）

4. 八岁的儿子余同先躲在床底下，没有被抓去。（《火烧震东市》）

5. 在山跟底下有一个小马厩，这是部队的指挥所。（《南扎木的战斗》）

上面例句中表示空间关系的"在……上"和"在……下"，也是有的是表和主语的关系，如例1"在指挥所后边的地上"的主语是"刘群"，例3"在张区委的血红的绳索上"的是主语"两颗热泪"，例4"在床底下"的是主语"余同先"，有的是表和宾语或表语的关系，如例2"在任何详细的地图上"的是宾语"它"，例5"在山跟底下"的是表语"小马厦"。

（三）"以前"和"以后"　例如：

1. 七七以前，你就参加革命活动了吗？（《风云初记》）

2. 黎强在参加革命以前，曾在故乡有过一个爱人。（《为了幸福的明天》）

3. 四二年整风以后，他才离开胭脂河到县里去工作。（《老赵下乡》）

4. "五一"以后，他的牙疼病好了。（《老桑树底下的故事》）

5. 只要他们明白了咱们以后，是很拥护咱们的。（《松平里》）

上面例句中表示时间关系的"以前"和"以后"，都不包句中所叙的时间在内；但如果是这样一个句子："他在一九五〇年以前，生活非常困苦，一九五〇年以后，就完全不同了。"在这个句子里，"以前"不包括"一九五〇年"在内，"以后"却连"一九五〇年"也算在里面的。

夂、数量关系　例如：

（一）"以上"和"以下"　例如：

1. 他们三家都有一千垧以上的好地。（《暴风骤雨》）

2. 伤病员死亡率减少，而出院数却增加到半倍以上。（《诺尔曼·白求恩断片》）

3. 他们使全村百分之九十五以上的人家，都参加了变工队。（《种谷记》）

4. 讨论了纺织模范的条件：第一是组织了三个以上的纺织小组；第二是……（《韩秀贞》）

5. 我们早就串通好了，三十亩地以下的都参加。（《风云初记》）

6. 大队以下，对十二小队的信仰都是很高的。（《领导》）

7. 活捉匪整师九十旅副旅长张少尧以下三千余人，打死打伤五十一师一一三旅旅长以下四千余人。（《活人塘》）

8. 凡年满十七岁以上，三十五岁以下者，都编成了自卫队员。（《吕梁英雄传》）

9. 你带上一班人，到各处查店，路上等人，遇见四十五以下，十八岁以上的人，都抓起来。（《血泪仇》）

10. 这些人之中，田登魁和王俊奎比较年老，再的都是三十以上，四十以下的年纪。（《高干大》）

上面例句中的表示数量关系的"以上"，全都包括所附带的数量词在内，"以下"就不然，有的包括所带的数量词，有的却不包括在内，如例6的"以下"是包括"大队"的，例7的"以下"是包括"匪整师九十旅副旅长张少尧"和"五十一师——三旅旅长"的，例5、例8、例9、例10的"以下"就不包括"三十亩地""三十五岁""四十五岁""四十……年纪"在内。

（二）"以内"（或"内""之内"）和"以外"（或"外""之外"）　例如：

1. 原来那封信是特务组织给他的指示，计划三天以内破坏化学厂的仓库。（《为了幸福的明天》）

2. 城里和村里都要坚决在五天以内完成任务。（《游击队长》）

3. 这一首民谣，在新河集周围三十里路之内，流传五十年，只要是一懂事的孩子，听唱到这首歌子的时候，都沙沙流下泪来。（《活人塘》）

4. 一个星期之内，伤员不能吃任何东西。（《白求恩大夫》）

5. 除了沿途一部分被消灭掉以外，现在敌人大部主力终于被捕捉了。（《火光在前》）

6. 在围墙五十米以外，是宽深各五米的外壕。

（《我们的连长何万祥》）

7. 另一个是赶车的老板子金永生，四十开外的年纪，长挂脸，尖下颚，豆角眼睛。（《江山村十日》）

8. 浓密的梨树，在二十步外就看不见人了。（《浅野三郎》）

上面例句中表示数量关系的"以内"和"以外"，"以内"是包括所带的数量词的，如例1包括第"三天"在内，例2包括第"五天"在内，例3"三十里路"全都包括在内，例4"一个星期"全都包括在内；"以外"是不包括所带的数量词的，如例5的"一部分"，例6的"五十米"，例7的"四十……年纪"，例8的"二十步"，都不包括在"以外"或"开外"之内的。

（三）"上下"和"左右" 例如：

1. 马阴阳真名叫马尚先，有五十上下的年纪。（《摔龙王》）

2. 五十岁上下的人，都还记得死者的姓名容貌。（《风云初记二集》）

3. "米价是四块五上下。"（《亲家》）

4. "对，六寸上下。"（《红花朵朵开》）

5. 人有三十左右岁，高身量，细腰，眉毛像漆一样

黑。(《三千里江山》)

6. 十月二十五左右，便回到军区。(《诺尔曼·白求恩断片》)

7. 早晨的雾很大，三步左右就看不见人。(《无住地带》)

8. 等那黑点渐爬渐大，还有一里半左右了，才缩回头来。(《平原烈火》)

上面例 1 到例 4 中的"上下"，都可换用"左右"，例 1、例 2 中的"上下"，还都可换用"前后"，例 3、例 4 中的"上下"，都不能换用"前后"；例 5 中的"左右"，可以换用"上下"或"前后"，例 6、例 7 中的"左右"，都不能换用"上下"，只能换用"前后"，例 8 中的"左右""上下""前后"都不能换用。

一、条件关系　例如：

(一)"要……才……"　例如：

1. 你要打美国鬼子才英雄。(《红花朵朵开》)

2. 要找个地方躲躲枪子才好。(《地雷阵》)

3. 咱们要把老百姓的认识往高里拉才行。(《高干大》)

4. 只要活着就好。(《韩秀贞》)

5. 这时候只要饿不着就行啦！（《把眼光放远一点》）

6. 你应该跟那些顶好的学习才行。（《为了幸福的明天》）

7. 只有下面的人细看，才能看得出来。（《仅仅是开始》）

8. 能走得出去就好。（《刘胡兰》）

上面例1到例3中的"要……才……"，和例4、例5中的"只要……就……"，例6中的"应该……才……"，例7中的"只有……才……"，例8中的"能……就……"，它们在句子里所表的条件关系都是相同的。

（二）"非……不……"　例如：

1. 你们非收下不行。（《仅仅是开始》）

2. 我非趁这个时候把婚给他离了不行。（《高干大》）

3. 你死了非下割舌地狱不可。（《三千里江山》）

4. 非把事情弄清楚不可！（《红旗歌》）

5. 你不提意见不行。（《红花朵朵开》）

6. 你不让谁参加也不行。（《种棉英雄曾广福》）

7. 不学就吃不开。（《新儿女英雄传》）

8. 没人照顾就活不成！（《韩秀贞》）

上面例 1 到例 4 中的"非……不……"，例 5 到例 7 中的"不……不……"，例 8 中的"没……不……"，它们在句子里所表的条件关系也都是相同的。

（三）"要……不……"　例如：

1. 在关键问题上，要全凭人情处理，就不行。（《狂雨》）

2. 这子弹要取不出来，可是不行啊！（《地道战》）

3. 你想朽下去也不成。（《红花朵朵开》）

4. 再想不减租不行了。（《地覆天翻记》）

5. 再那么丢碗打筷的就不依。（《乌鸦告状》）

6. 小毛看见人多势众，料想不说不行。（《李家庄的变迁》）

7. 啥都行，就是叫我同去不行。（《三千里江山》）

8. 就几个评地委员也不行。（《桑干河上》）

上面例 1、例 2 中的"要……不……"，例 3 中的"想……不……"，例 4 中的"再想……不……"，例 5 中的"再……不……"，例 6 中的"料想……不……"，例 7 中的"就是……不……"，例 8 中的"就……不……"，它们在句子里所表的条件关系也都是相同的。

（四）"非……才……"　　例如：

1. 我看非心眼里不拧劲才行。（《仅仅是开始》）

2. "非得把板子敲着你的屁股，你才磕头叫大老爷呀?"（《风云初记二集》）

3. 五天半不哭着回来才怪。（《三千里江山》）

4. 记住不要给鬼子做事就对了。（《洋铁桶的故事》）

5. 不是自己觉着当了就行了的。（《地覆天翻记》）

上面例1、例2中的"非……才……"，例3中的"不……才……"，例4、例5中的"不……就……"，它们在句子里所表的条件关系也都是相同的。

乙　简洁

构造句子所用的词语，应当有的不能把它漏掉，漏掉了就要使句子不明确；反过来说，如果是不应当有或是可以没有的就不要用它，用了又要使句子不简洁。所以，一个句子所用的词语，应当有的就用，不应当有的就不用，不能少用一个，也不要多用一个，要用得恰恰符合句子的需要。

要做到句子简洁，必须：一、省略习惯上可省的词，

二、省略语法上不用的词，三、省略不必要的重复语或同义语。

省略习
惯上可
省的词
　　一般的说，一个句子是代表一个完整的意思的，凡是意思里所有的各个概念，都须用适当的词语来表达，如果漏掉一个，这个句子的意思就要不完整。但在习惯上，在句子里省掉几个不说也知道的词语，也不会使意思不完整，因为虽然没有说出来或写出来，但听的人或读的人可以"心领神会"。像这样省掉的词语，不但不妨碍句子的完整，反而可以助长句子的简洁。

这类习惯上可以省掉的词语，约有如下的各种：

夕、口头省略的词语　例如：

1. 今天我出去街前买些布（来做衣）穿。（《张玉兰参加选举会》）

2. 那年为着欠财主家两个钱，他们（要向我讨）找我（又）找不到，（就）把小孩他娘抓去关了黑房子。（《一支运粮队》）

3. 你身体弱，单独挖，挖不多，（把数目）公布出来，（你面子上）不好看。（《"四斤半"》）

4. 平素他非常傲慢，几乎（无论）那个人也不放在他眼里。（《石圪节煤窑起义》）

5. 你要不（回）家去，再大的家当，也得叫人家整治没了。（《乌云遮不住太阳》）

上面各例句中括号里的词语，都是可以有而原来句子里所没有的，没有了，全句的意思也仍旧非常明白清楚。

女、表个数的基数词 例如：

1. 秦子丹的心跟着（一）丝（一）丝的黄烟沉重起来。（《红花朵朵开》）

2. 一个（一）个都是不声不响或是叹息一声。（《黑石坡煤窑演义》）

3. 立时，战士们对眼笑了（一）笑。（《在零下四十度》）

4. 有两个战士（一）边走（一）边谈。（《火光在前》）

5. 好，我就喝上（一）盅，这可沾了老王的光了。（《大家好》）

上面例句中括弧里的"一"字，都是原来句子里没有的，但都是本来可以有而在习惯上省掉的。

一、表被动的助动词　例如：

1. 谷草（　　）吹散了花。（《江山村十日》）

2. 到了晌午，饼也（　　）烙成了，人也都来了。
（《李家庄的变迁》）

3. 因为他走的慌，不由的出溜一下就（　　）滑
倒了。（《地道战》）

4. 坑边上忙了几天，菜园子的蒜也（　　）锄完
了。（《人勤地不懒》）

5. 自从后娘（　　）娶到家里，他天天遭受到打
骂、呵斥。（《赵殿成落网记》）

上面例句中的叙述词"吹散""烙成""滑倒""锄完"
"娶"的前面，都省去表被动的助动词"被"或"给"或
"叫"字，也因习惯上可以不用而省掉的。

二、表双关的歇后语　例如：

1. 原来是黄皮子给小鸡拜年。（《暴风骤雨》）

2. 四臭肉听到风声不好，急得狗屁里抹蒜。（《晴
天》）

3. 黄功高就哑巴吃黄连，眼睁睁看着自己做了
"宝塔乌龟"。（《平妖记》）

4. 他说过："革命！瞎子不怕虎，虎头上搔痒！"（《一个女人翻身的故事》）

5. 有些人想入我都不准他入，你不要狗咬吕洞宾……（《石土地》）

上面例1"黄皮子给小鸡拜年"，后面省掉"不怀好意"；例2"狗屎里抹蒜"，后面省掉"说不出的难熬"；例3"哑巴吃黄连"，后面省掉"有苦说不出"；例4"虎头上搔痒"，后面省掉"自找死路"；例5"狗咬吕洞宾"，后面省掉"不识好人心"。这些歇后语，也都因习惯上可以不必说出来而省掉的。

省略语法上不用的词 句子里的各个成分，照语法的正常规律讲，应该是一个也不能省略的。但语法上还有省略规律，在一定的情况下，有的成分可以省略，有的还必须省略，有的就是要不省略也写不出来。这也是根据语言习惯来决定的，但比前一类有规律性，因此，尤不能不遵守。

在后述的情况下，有些词语是可以省略不用的：

勹、指称不论哪一个人　例如：

1.（　　）一有偏见，处处都觉得讨厌。（《三千里江山》）

2. （　　　）做群众工作，跟做旁的革命工作一样，要能坚持，要善于等待。（《暴风骤雨》）

3. 旧社会是煮人锅，（　　　）不革命不能活。（《六十八天》）

4. 光说挑担水吃，（　　　）上山下山得走十来里路，借个火种，（　　　）也得走三五里。（《罗才打虎》）

5. 日子不久，满地棉花齐开了，（　　　）老远看去，一片雪山连点叶也没有了，（　　　）到地里更喜，朵朵棉花，就像白云蛋，一堆一堆的，又白又大，……（《种棉英雄曾广福》）

上面例句中所省略的主语，都是用来指称"任何人"的，所以在语法上可以省掉不用。

夂、无从指称的主语　例如：

1. （　　　）过了几天，果然听说鬼子有出动的消息。（《地覆天翻记》）

2. （　　　）就在这塘边，搭着一排排的草棚。（《五号码头》）

3. 后来（　　　）想法凿成小方块，才一块一块落下来。（《风云初记二集》）

4. 东西集中好了，（　　　）就让人去参观。（《桑干

河上》）

5. 这滩上村紧靠沙河南岸，（　　）站在村头往河滩一望，好水地一眼望不到边。（《李福泰翻身献古钱》）

上面例句中省掉的主语，都是一时指称不出是谁的，因而在说话时就不能不空着不说。

一、气象变化的主体　例如：

1. 这当儿，风更大了，（　　）打着雨点儿。（《新儿女英雄传》）

2. 今天这么大的风，（　　）又刚下了雪，怪冷的。（《地道战》）

3. 春天莩子才抽尖儿，（　　）没下雨，坑里水少。（《人勤地不懒》）

4. （　　）没有星星，（　　）没有月亮，满山遍野冻得硬梆梆〔1〕的积雪，白晃晃的，……（《松平里》）

5. （　　）下了一整天一整夜的雪。（《土地》）

----

〔1〕　硬梆梆：今写作"硬邦邦"。

上面例句中省略的主语，都指气象变化的主体，不说也知道，所以也往往不说出来。

二、上面已有过的词　例如：

1. 小梅淋了雨，（　　　）受了点风寒，（　　　）躺在炕上直发烧。（《新儿女英雄传》）

2. 我心里还有主意，给谁扛活也不给李家（　　　）。（《韩营半月》）

3. 你讲，你讲得越多越好，我们今天专诚来听你（　　　）的。（《柳堡的故事》）

4. 栗子早熟透了，也没人打（　　　），落的满山都是（　　　）。（《三千里江山》）

上面例 1 中的（　　　），是省掉主语；例 2 中的（　　　），是省掉谓语；例 3 中的（　　　），是省掉动词；例 4 中的（　　　），是省掉宾语和表语，都是因为上面已经有过同样的词而省掉的。

三、下面将要有的词　例如：

1. （　　　）把阵地一切准备工作弄得完毕之后，战士们晚间就到江边去抓螃蟹。（《水风砂》）

2. 投（　　　）的投河，跳（　　　）的跳井。（《平

原烈火》)

3. 不管她们知（　　　）不知道，见（　　　）不见面，她们的肉却连着肉，心连着心。(《三千里江山》)

4. 顺着（　　　）足迹，他一路找了去，想着它就会倒在附近地方的。(《罗才打虎》)

上面例 1 中的（　　　），是省掉主语；例 2 中的（　　　），是省掉宾语；例 3 中的（　　　），是省掉半个动词和宾语；例 4 中的（　　　），是省掉附加语，都是因为下文即将要有同样的词而省掉的。

夕、下面将要有和上面已有过的词　例如：

1. （　　　）一碰到小孩打架，她是怎样上火呀！（　　　）抱起光腚的小嘎，（　　　）扯着打架小孩的耳朵。(《江山村十日》)

2. （　　　）看看天不早了，三个人便转了话题，（　　　）研究如何逮捕李洛富、瞎木头的问题。(《韩营半月》)

3. "（　　　）不要你结记。我就是饿死在大道边上，（　　　）也不会再登你家的门限儿!"(《风云初记二集》)

4. 晚上，（　　　）在洞里，他们上木柴，（　　　）

就在烟气里磨。(《突破临津江》)

上面例句中的 ( ),都是省掉主语,都是因为下文将有,和上文已有而省掉的。

省略重复语或同义语

只要不妨碍句子意思的完整,一般不论词面相同或相异的同义词,应该尽量节省不用。尤其是一个单词的意思,已经包含在别一个复词里,更不应该把它们同时并用。

在后述的情况下,凡是重复的词语都应省去:

冂、叠用不必用不应用的同词或同义词 例如:

1. 麦苗碧油油的在春风中微微掀起皱纹似的麦浪。(《战斗在长江三角洲》)

2. 女同事请他去帮助工作,如修理粽片及落布等等工作时,老是还挨着时间,不肯即刻就去完成。(《在转变中的组长》)

3. 以后常常通过俞士豪和俞建,对农民和佃户施些小恩小惠,送十滴水啦,送疹药水啦……来拉拢佃户和农民。(《土地》)

4. 可是赵家林没工夫回答,因为那边不断地在那里谈话。(《他们和我们》)

上面例 1 中重复"麦"字,第二个不当用,应把"麦浪"改为"波浪";例 2 中重复"工作",第二个可不用,又"时"和"时间"也重复,"时"字可不用;例 3 中"农民和佃户"和"佃户和农民"也是重复,后面一个可改用代词"他们",另外"十滴水"和"痧药水"是同物异名,"痧药水"如没有"水"字就可以用,但要根据实际情况来改定,不能去掉就算;例 4 中的"那边"和"那里"重复,"那里"可以不用。

夂、叠用单词和已含单词在内的复词 例如:

1. 可是他还是非常慎重小心。(《翻身爱情》)
2. 将来的前途真不可限量。(《毒蛇》)
3. 一闹一闹的,大家都人心惶惶。(《快过年》)
4. 当当的钟声冲破了十二月三十日的深夜的静寂,传过了山谷,传过了黄海的海边。(《借钟》)

上面例 1 中的"慎重"已包含"小心"在内,所以不能同时并用,倘叠用"谨慎""小心",或改"慎重"为"郑重"那就可以;例 2 中的"前途"已包含"将来"在内,"将来""前途"都只要用一个已够,所以可去掉其中一个并"的"字;例 3 中的"人心惶惶"已包含"大家"在内,所以全句应改为"闹的人心惶惶";例 4 中的"海边"，已包含"黄海"在内，也犯了重复，如果要特别指出这是"黄海"，那么"海边"可改"四边"或"边岸"。

一、形容词性附加语中连用"的"字　例如：

1. 初升的太阳的多彩的耀眼的光芒，射向平原晴朗的天空。（《风云初记二集》）

2. 深秋晚上的六点钟，天是够暗的了。（《裘根生的胃病》）

3. 这许多（的）失业（的）工人的生活，是在喝粥汤度日，十分困苦。（《大家来救济失业工友》）

4. 大车（的）旁边走着一个扣着权耙的年轻（的）媳妇子。（《丰收》）

上面例 1 中连用五个"的"字，实在太多了，其中第三个不如改用联络词"而"字，而使"多彩而耀眼"成为联合附加语；例 2 中的"的"字是可以省掉而没有省掉；例 3、例 4 中括弧里的"的"都是原文省掉而且省的很合适的。看了上面两种相反的例子，可以见到省掉可以省掉的"的"字，或改用别的字以减省"的"字，对于整个句子的简洁性，确有极大的帮助。

下面也是几个不简洁的句子，里面有几个字也是完全可以省掉的：

1. 周小全掉队以后，还立了这样的大功，后来被全连选为了战斗英雄。（《团支队大闹平川》）

2. 在工厂内工作，有时很消极，做任何事都使不上劲。（《在转变中的组长》）

3. 绿灯亮了，开车的马达声隆隆的响着。（《张嫂嫂生小囡》）

上面例1中的"了"是绝对不需要的；例2中的"工"是可以省掉的；例3中的"开车的"不说也知道，也尽可以不用。

丙 统一

造句除了必须明确、简洁之外，还有一个重要条件，就是统一。所谓统一，不但组织形式要一致，就是思想、语汇、语言也都要一致；所谓形式一致，不是要公式化，而是在同一句子里，同一成分应用同样写法；思想一致也不是限止思想，而是要在同一句子里，思想不发生矛盾；词汇一致和语言一致也不是要文字机械化，而是要词汇统一、语言纯粹。

后面都举例说明。

形式
一致

前面已经说过，形式一致，不是要公式化，而是在同一句子里，同一成分应用同样的写法。后面就用重要成分主语、谓语、宾语和表语及附加成分和独立的语句做例子。

夂、主语 例如：

1. 老头子、小伙子、姑娘、小媳妇、老太太，一齐格格大笑。(《江山村十日》)

2. 一个眼色，一个笑脸，一个手势，仅足以表达感情了。(《三千里江山》)

3. 水田、道路、湖沼、山岗都分不清了。(《火光在前》)

4. 不用说雁北那喝不完的冷水小河，登不住的冰滑踏石，转不尽阴山背后，就是两界峰的柿子，插箭岭的风雪，洪子店的豆腐，雁门关外的辣椒杂面，也使人留恋想念。(《吴召儿》)

夊、谓语 例如：

1. 共产党要叫人人有衣穿，有饭吃，有书念，还要有福享呢。(《新儿女英雄传》)

2. 我们的大炮从无到有，从小到大，从弱到强。

（《水风砂》）

3. 群众响着锣鼓，点着爆竹，摇着旗子，像欢迎大部队似的向我们两个人喊口号，送茶送烟。（《柳堡的故事》）

4. 他记得小时候在草地上放过马，割过草，捉过蝈蝈，打过蚂蚱。（《开不败的花朵》）

一、宾语 例如：

1. 他打到了野鸡、兔子、鹌鹑、野猪，总要送一点肉给我们尝尝。（《小红星》）

2. 桌子上摆着酒盅、酒壶、酒菜，还有好多盘饺子。（《丰收》）

3. 他曾经看见多少老百姓流离失所，多少村庄烧毁，多少桥梁崩炸，多少车站变成可怕的废墟。（《火光在前》）

4. 遇着金子干不动的重活——担水、推磨、劈柴，偷偷地在人不看见的时候帮她做了。（《孙颜秀》）

二、表语 例如：

1. 在朝鲜战场上，有多少朝鲜的女英雄，多少中国

的女英雄，和男同志一样在战斗；她们是那样坚毅，那样沉着，那样平凡，又那样伟大。(《一个愿望》)

2. 他是在二营长大的，是二营的老排长、老连长、老营长，现在又是这个团的老团长。(《在零下四十度》)

3. 傍晚的太阳是那么大，那么红，又那么圆，……(《原动力》)

4. 还有多少人正在被摧残，被凌辱，被杀害。(《火光在前》)

万、附加语 例如：

1. 父母每天打马掌铁，把烧饭、打水、割柴的事，就全靠给她做了。(《老胡的事》)

2. 她亲眼看见杀死她娘，逼走她哥哥，逼走李文有，拿她不当人看的大仇人，在她面前倒下去。(《孙颜秀》)

3. 连他自己也诅咒自己这种保守、迟钝和顽固的思想。(《原动力》)

4. 在这小小的、不规整的，有时是尖形的，有时是半圆形的，有时是梯形的小块土地上，他们费尽心思，全力经营。(《山地回忆》)

勹、联络句　例如：

1. 天气比这还热，蚊子比这还多，雨比这还大，我们的仗打不打!?（《火光在前》）

2. 掀了锅，锁了门，绑走了哥哥，逼死了娘，八千岁的气还没消。（《孙颜秀》）

3. 地不是地，炕不是炕，门不是门，窗不是窗，一脚都能踹塌了。（《三千里江山》）

4. "朋友，对心事了，把两家帐篷搭在一起，你也喝酒，我也喝酒，你也打猎，我也打猎，你也骑马，我也骑马，你也唱歌，我也唱歌，两个人一对心事，什么也好办。过了几天，你的小孩和我的小孩打架，你的马和我的马掐架，你的狗和我的狗咬架，就把帐篷拉开，你搬你的家，我搬我的家。"（《开不败的花朵》）

后面再举一些形式不一致的例子：

1. 胡理都也没出门，牌也没打，清唱也吹哩!（《小力笨》）

2. 雷一阵比一阵响，雨点一阵比一阵大。（《孙颜秀》）

3. 在老胡的心里，那个热爱劳动的小梅和热爱战斗的妹妹的形象，她们的颜色，是浓艳的花也不能比，月也不能比，无比的壮大，山也不能比，水也不能比了。(《老胡的事》)

4. 可是这些天酷阳暴日，狂风恶雨，艰难的行进，紧急的追击，这声音从人们中间忽然消逝了，现在又突的出现了。(《火光在前》)

上面例 1 中的谓语"也没出门"，不如改为"门也没出"，可以取得和其他谓语"牌也没打""清唱也吹"的形式一致；例 2 中的主语"雷"不如用"雷声"，也就和跟它并列的另一句子的主语"雨点"形式一致；例 3 中的"花"的附加语"浓艳的"不如去掉，以取得与并列句中的同位词"月""山""水"形式一致；例 4 的"酷阳暴日"是同义反复语，"狂风恶雨"是并列联合语，也应根据实际情形，改成同一的形式。

思想一致　　在同一个句子里，前后的思想应该是彼此一致的，否则便要发生矛盾，陷句子于不通。但这是一个内容问题，和上一种不同，所以不能从形式上去观察，而只能从词语的意义里去辨识。最常见而又最易疏忽的思想不一致，有："ㄅ、前后矛盾；ㄆ、反客为主；ㄇ、等类不齐等。

夕、前后矛盾 例如:

1. 半空里密密点点,纷纷扬扬,正飞着漫天大雪。(《三千里江山》)

2. 当指挥员不要光在战场上指手画脚,还要帮战士们解除思想疙瘩,帮助他们想办法克服困难。你要是这样做了,他就能更好地听从你的指挥。(《战斗在长江三角洲》)

3. 秋分嫂子! 我一猜就是你们。(《风云初记》)

4. 他又在这个干了的浅水沟里躺了一忽儿。(《坚强战士》)

上面例1中的"半空"和"漫天"意思矛盾,而且也类似重复;例2中前面既用复数词"战士们"和"他们",后面忽又用个数词"他",也是前后矛盾;例3中的"秋分嫂子"只是一个人,下面忽又说"你们",也是矛盾;例4中既说是"浅水沟",上面又有附加语"干了的",也矛盾,因为如果是"干了的",只要称"浅沟"已够,"沟"是可以盛水的,但称"沟"不一定有水,称为"水沟"在感觉上便好像不是条干的沟了。

夊、反客为一 例如：

1. 在三年战争中，战士们遇到过无数困难，惧怕过许多东西，但都被一一征服了。（《战斗在长江三角洲》）

2. 习金贵直起了腰板，摘下了火车头的帽子，敞开了绿豆青色的大氅，火光把他的脸烤得红红的，撩着活眼皮，向着旁边的人们瞅了一眼。（《江山村十日》）

3. 对岸有一只新油的楼子船，一个女孩子从后舱的小窗口探出身来，一条油黑的大辫子甩到船帮上，穿一件对襟儿的红布小褂，把洗菜的水，泼到河里。（《风云初记二集》）

4. 桑老奶奶站在榆树下，"咕！咕"地叫鸡，十几只鸡在场里找烂高粱粒吃，桑老奶奶叫干嗓子，照旧不挪动。（《大青骡子》）

5. 太阳已经落山，映起一片晚霞，晚霞笼罩着他们，像是满身披红。（《摆渡口》）

上面例1中"都被一一征服了"的主语，照句子组织讲，应该是"战士们"，但实际上是指"无数困难"和"许多东西"，所以上面应加用代词"它们"，或把句中表被动的助动词"被"字去掉；例2中"撩着活眼皮，……"的

152　　　　习作初步

主语实际上是"刁金贵",但照句子组织讲却变成了承上句来的"火光",所以这个句子,应把上句"火光把他的脸烤得红红的",改成"给火光烤得红红的脸上",才能上下一贯,主客分明;例3中"穿一件对襟儿的红布小褂,……",和例2犯了同样的毛病,它的主语应该是"一个女孩子",却变成了承上句来的"一条油黑的大辫子",但这里只要另加主语"她上身"就可一致;例4中"照旧不挪动"的应该是"十几只鸡",但却变成了"桑老奶奶",所以"照旧不挪动"前,应加用代"十几只鸡"的代词"它们";例5中"像是满身披红"的主语,应该是上句的宾语"他们",但这里却变成了"晚霞",所以不是在头上补加"他们",便是把句子改成施动句"像是给他们满身披红"。

一、等类不齐 例如:

1. 桌上摆着猪肉、羊肉、烧酒、蒸馍和许多的食品。(《高干大》)

2. 炕上放满了鸡蛋鸭蛋;桌上堆满了点心粽子。(《新儿女英雄传》)

3. 船工、水手、渔夫、农民、战士、老太婆、妇女,像谁下了命令似的,像一个人那样的整然一体的举起拳头、步枪……,在空中划着、挥击着。(《战斗在长江三角洲》)

上面例1中"猪肉""羊肉""蒸馍"都是"食品",不应和"许多的食品"并列,如"许多"后加"其他"而成为"许多其他的食品",便讲得通;例2中的"粽子"也是一种"点心",不能和"点心"并列;例3中"老太婆"年纪虽"老",但她总也是"妇女",也不应和"妇女"并列。

语汇
一致

我们在同一句子里,甚至在同一篇文章里,指称同一事物的名称,除了必须换用代词的时候换用代词外,其余指称同一名称的语汇,最好能做到前后一致。一会儿是"张大哥",一会儿又是"老张",除非它是在如实地引录对话,却是不大合适的。

下面就是几个语汇不一致的例子:ㄅ、名称不统一;ㄆ、品类不统一。

ㄅ、名称不统一 例如:

1. 陈老汉跟侦察小组长黎来喜在院子里下三棋。陈老汉不是黎来喜的对手,黎来喜有意逗弄老家伙,陈老汉越气恼他就越叫他输得惨。 (《我们的力量是无敌的》)

这里"陈老汉"就是"老家伙",也就是第二个代词"他"。"他"字代替得不错,但一会"老家伙",一会"陈老汉"，就是语汇不统一。因此"老家伙"和第三个"陈老汉"，都应当用代词"他"，而原来第一个"他"，应该直用"黎来喜"，改成：

> 陈老汉跟侦察小组长黎来喜在院子里下三棋。陈老汉不是黎来喜的对手，黎来喜有意逗弄他，他越气恼，黎来喜就越叫他输得惨。

这么一来，不但"陈老汉"统一了，"他"也统一了。后面再举一些例子：

> 2 在大伙的纷纷评论声中，一个老头从人堆里站起来，玉英生气的看了爸爸一眼，又低下头去，旁边一个老大娘看了看王老头的发白的脸色，低低的和旁人说。（《铺草》）
>
> 3. 王春生见手表差一刻就到十点，心想：暂且告别刘师傅，把他的心意转告给高冲，看高同志的意思如何，然后再找组内大伙商讨为妥。（《一只箱子》）
>
> 4. 这天王林他们又来了，我就找王林叔。我问他："王林叔！当八路是不是一定要比枪高才要？"王林见我问的很认真，就说："不一定，咱队伍里像你这么大的小鬼有的是！"（《成长》）

5. 午饭前李洪陆亲自跑到坡里去看了看庄稼，回来，可把老汉急坏了。（《追肥》）

上面例句中不统一的名称，有的读了可以意会得出，有的容易使读者误会是指称另外一个人，所以最好都改用一式的语汇。

攵、品类不统一　例如：

1. 长江流域的春天，雨丝连绵的斜织着，虽然不是狂风暴雨，但也能湿透人的衣服。（《战斗在长江三角洲》）

2. 河流、小溪、石板路、田畦上，高的地，低的田，都积着六、七寸厚的雪，分不出哪一条是石板路，哪一条是田畦，它们的具体形象都给雪掩盖起来了，只是一片洁白的天地。（《土地》）

3. 点灯不用油——用电灯。（《江山村十日》）

4. 那桥有几丈高，有五六十米长，桥两头是屏障一样的高山。（《英雄的诗》）

例 1 中能"湿透人的衣服"的只可以是"骤雨"，不是"狂风"，而且上面也只说"雨丝"，这就是品类不统一；例2"河流""小溪"不会"积着六、七寸厚的雪"，如果因为上面结了冰，那么"分不出"下不应单提"石板路""田畦"，也应提到它们，这也是品类不统一；例3中"点灯不用油"可以说，"点灯用电灯"就说不通，只说"用电"已够，或全句改成"不用油灯——用电灯"，品类就统一了；例4中写高度用中国标准制"丈"，写长度又用世界标准制"米"，也是品类不统一，也应使它们统一。

除了为了切合内容的需要，必须如实地照录对话外，所用的语言，也应该前后一律。我们写本国的现代的事，我们本来应尽量用本国现代的语言而不用文言语或外国语，不要说再在本国现代语中无缘无故地插入文言语或外国语了。但实际上，有些作家们，因为他们太熟悉文言语或外国语的缘故，因而在本国现代语中插入一二文言语或外国语，这样就破坏了语言的统一。

下面也是一些例子：

ㄅ、插入文言语 例如：

1. 这个老伯父也就感得很为难，无所措手足。（《桑干河上》）

这里"无所措手足"是句文言语，大概作者一时以为在现代语里没有什么同样的话可以替代，所以就不去翻译，直接用了文言原文。不知在现代语里，本来有同样意思的现成话可以用的，例如：

> 行礼了，刘小七站在众人面前，手脚不知放在那里才好。（《由鬼变人》）

这里的"手脚不知放在那里才好"，不是和"无所措手足"同一意思吗？不但等于逐字翻译，而且比文言语自然流利。又如：

> 2 他俯伏在炕桌上，翻看一些军事性战术性的文件，默无一言。（《在零下四十度》）
>
> 3. 安巩想："我还活着，我还要战斗，你们奈我何……"（《安巩传》）
>
> 4. 但是当女儿听到还有早稻留在田里，她已经明白了八成，不胜惊惶地说："我们镇上吃罢午饭就有人打锣报告，怎么村里就没有人去报个信。"（《风暴》）

上面例2中的文言句"默无一言"，不但和上文语言不统一，就是意思也不正确，因为原句含有"不挺出来说一句话"或"一点意思也不表示"的意思，这里只是说"不开口说话"，所以用得不适切；例3的"奈我何"也不是口头语，而是文言语，用在引话里更不妥；例4的文言语"不胜惊惶"，用在这里，情调和语调都很不一致。

夂、插入外国语　例如：

1. 训：啊！又是你，你叫张曼青，昨天的会就是你召集的，我严重警告你！Take care you！（伪君子》）

上面是一个戏剧中插用外国语的例子。本国语中插入外国语，在一个帝国主义的走狗的嘴里，本来并不是什么特殊现象，但在戏剧里，给懂得外国语的观众听了，果然可以增加戏剧的幽默性，但听不懂时，反而要破坏气氛，阻碍剧情的进展。所以在文艺应配合政治而为工农大众服务的今天，这种只有少数都市居民或大学生所能领会的幽默句子，还是不用的好。又如：

2 清：（想了一想）不行！粮食的没有你的炮楼上的开路，（抓住村长）有了粮食的你的回来！（命令日兵）"トチカ"ヘツレテエケ！（《粮食》）

上面例中的日本语，原文本来另附注释"意即'把村长带上炮楼去'。"这样用法，在其他作品里是可以的，但剧本是要演出的，演出的时候不能当场翻译，也不能当场说明，大多数观众一定听不懂，所以不如把它译成中国语，语言既

统一，又不致打断紧张的气氛，大多数观众也不会听得莫名
其妙了。

三 句子的变化

上面所讲造句的三项条件，乃是专指一般正常句子的构造，要做到句子里所包含的意思，恰恰是作者所要写出的意思，而读者读了，也恰恰了解或体会作者所要告诉读者的本意。但这种句子，往往只能把自己的意思告诉给别人，而不一定能感动别人，也不一定能说服别人，因为它没有一种鼓动性。因此，我们要把句子造得更好，对于造句方法，除了严格遵守三项条件之外，还须加以适当的变化，使句子灵活生动，而有鼓动的力量。

变化句子，大约可以有五种方式：一、变更词位，二、改造内容，三、巧构形式，四、转换语气，五、加深印象。

变更词位　依照一般语法规律，句子里每一个成分，都有它正常的位置，不能无缘无故地移换。但为了适合大众实际语言习惯，或是依照思想内容发生的次序，或是说话时必须特别着重某一成分，也允许把正常的位置移动倒置。因此，一切的句子成分，在一定的理由下，都可以变更它的正常位置。

　　勹、倒主语　就是倒置主语的位置。例如：

1. 那边跑过来一个人。（《刘胡兰》）
2. 远处响了声枪。（《三千里江山》）
3. "怎么了，你?"（《荷花淀》）
4. 从阜平乡下来了一位农民代表。（《山地回忆》）

　　上面例 1 中的"人"，例 2 中的"枪"，例 3 中的"你"，例 4 中的"农民代表"，都是句子的主语，例 1 是依照视觉感到的先后，例 2 是依照听觉感到的先后，例 3 是依照实际语言习惯的先后，例 4 是句子特别着重主语的来历，因此把本来应该放在句子最前的，都倒在句子的最后。它们的词位如果不变更，那么便是如下的形式：

1. 一个人（从）那边跑过来。
2. 远处枪响了（一）声。
3. 你怎么了?
4. 一位农民代表从阜平乡下来了。

从上面情形来看，可见变更了词位后的句子，不但生动灵活，并且还可节省词数。

夂、倒宾语　　就是倒置宾语的位置。例如：

1. 锅顶上竟是什么也没见。（《红花朵朵开》）
2. 我什么都不知道。（《刘胡兰》）
3. 他写的稿子刘教员不用。（《桑干河上》）
4. 炸药我自己也会配。（《三千里江山》）

上面例1、例2中的宾语"什么"，都倒在及物动词的前面，但仍在主语的后面；例3中的宾语"他写的稿子"和例4中的"炸药"，却都倒在主语和动词的前面。这些句子，如果不变更词位，那就成为如下的形式：

1. 锅顶上竟是没见什么。
2. 我都不知道什么。
3. 刘教员不用他写的稿子。
4. 我自己也会配炸药。

上面例1省一"也"字，例2在日常言语中反而没有这样的说法，类乎不通，例3、例4比较通顺，词数也不增不减。这些句子的宾语所以要倒置，原因都是为了全句的意思着重在宾语，为了加强宾语在句子里的地位，因而提前先说。

一、倒表语 就是倒置表语的位置。例如：

1. 他什么念头也没有。(《坚强战士》)
2. 实际他一点睡意都没有。(《火光在前》)
3. 像武震这样的援朝大队，各个战线都有。(《三千里江山》)
4. 你说，谁是你的爸爸? (《黄敏儿》)

上面例 1 中的表语"什么念头"，例 2 中的表语"一点睡意"，都倒在同动词的前面，主语的后面；例 3 中的表语"像武震这样的援朝大队"，例 4 中的表语"谁"，都倒在主语和同动词的前面。这些句子如果位置正常，那就成为如下的形式：

1. 他也没有什么念头。
2. 实际他一点都没有睡意。
3. 各个战线都有像武震这样的援朝大队。
4. 你说，你的爸爸是谁?

倒置表语的原因，大概也都是为了全句的意思着重表语。

改 造
内 容 把句子里本来要说的主体事物，不说它的正常名字，而说成另外一件东西，或把它的行动、性质与形态，也不用代表原来意义的语句来说，而说成另外的一种行动、性质与形态。这全同词语的活用里寄托一样，不过那是一个词语的活用，这是一个句子的变化，范围的大小有着不同而已。但它们都是为了要改造内容。

改造内容的方法有二：ㄅ、用乙事物来譬喻甲事物，就是修辞上的譬喻；ㄆ、用乙事物来比拟甲事物，就是修辞上的比拟。这样，把一件事物原来的意识形态，完全变成了另外一件事物的意识形态。这就是改造内容。

ㄅ、用乙事物譬喻甲事物

（一）明喻　例如：

1. 年轻人的心好像春天的泥土，撒什么种，发什么芽。（《三千里江山》）

2. 一个个就像星期天包饺子一样的高兴得了不得。（《孙颜秀》）

3. 他好像浑身钻进了大麦芒。（《柳堡的故事》）

4. 当街一驮一驮什么东西，垒得齐房檐高，像城墙，又像骆驼排成了大队，严严实实地守卫着村子：这是人们收的山货和割的柴火。（《正月新春》）

5. 方主任像是打了一个胜仗，把敌人俘虏过来，脸上堆下了微微的笑容。(《白求恩大夫》)

上面例1是把"年轻人的心"譬做"春天的泥土"；例2是把"一个个"的高兴情形譬做"星期天包饺子"的高兴情形；例3是把"他"害羞的感觉，譬做"浑身钻进了大麦芒"的感觉；例4是把一驮驮的"山货"和"柴火"，譬做"城墙"和"骆驼排成了大队，严严实实地守卫着村子"；例5是把"方主任"把子弹头从伤员身体中夹出来后的喜悦，譬做"打了一个胜仗，把敌人俘虏过来"。它们都用譬喻词"好像""就像""一样""像""又像""像是"等表示出来。

(二) 暗喻 例如:

1. 这是一道关呀！万丈高山顶上的关，他能过得了吗？(《柳堡的故事》)

2. 土地斗争，这是火呀，几千年来埋藏在地下的火呀，这火一定要爆发起来，可是要掌握方向和火候，不然就会烧出乱子来，连自己的人都要烧坏的。(《仅仅是开始》)

3. 我是王爷的羊呵！吃王爷的草，给王爷挤奶，奶挤光了，王爷把草地卖给张督军。(《开不败的花朵》)

4. 你连三道湾还不知道吗？这是个鹰啊！运起翅膀，飞遍天下呢！（《新儿女英雄传》）

5. 他觉得贫雇农大会是一条绳子！只有这条绳子才能把他俩拴在一起。（《江山村十日》）

上面例1是把"爱情"譬做"万丈高山顶上的关"；例2是把"土地斗争"譬做"几千年来埋藏在地下的火"，例3是把"我"譬做"王爷的羊"，例4是把"三道湾"譬做"飞遍天下"的"鹰"；例5是把"贫雇农大会"譬做"一条绳子"。它们都用判断词"是"来表示譬喻的意思。

（三）借喻　例如：

1. 没有肉的时候，吃点蔬菜也成，你非要肉，那不自寻苦恼。（《原动力》）

2. 外面到处是陷阱，到处是恶犬，一张巨大的血网正对他们张开，只等待他们投入。（《狂雨》）

3. 刀把拿在人家手里，小胳膊拧不过大腿。（《江山村十日》）

4. 在火里不怕燃烧，在水里不会下沉。（《火光在前》）

5. 你别拿狗屎往人脸上抹！（《新儿女英雄传》）

上面例 1 是譬喻一个人如不善应付环境，必致吃苦；例 2 譬喻在旧社会里，到处有害人的东西；例 3 譬喻无权势的人挡不过有权势的人；例 4 譬喻无论环境怎样恶劣，决不变志；例 5 譬喻一个人不要把错误或罪过推在别人身上。

夊、用乙事物比拟甲事物

（一）人拟物　例如：

1. 他妈的，秋后的蚱蜢等着伸腿吧！（《仅仅是开始》）

2. 秋后的马蜂，没几天横行了。（《孙颜秀》）

3. 学习，学习，直连块木头都学得会说了话呀！（《车子翻身》）

4. 你硬了翅膀啦，你该飞的时候！你有恩不报的狠心贼呵……（《韩秀贞》）

5. 它在青年们这边跳着，那边唱着，可是没有一个青年人能把这只鸟儿抓在手里的。（《李秀兰》）

上面例 1 是把反动派拟做"秋后的蚱蜢"，例 2 是把长条香拟做"秋后的马蜂"，例 3 是把本来没有文化的人拟做不会说话的"木头"，例 4 是把韩秀贞拟做"硬了翅膀"的鸟儿，例 5 是把李秀兰拟做没有一个人能抓得住的"鸟儿"。

（二）物拟人　例如：

1. 嘴是最奇怪的东西，最需要它说话的时候，它会怠工。（《柳堡的故事》）

2. 远远的西边天和地交接的地方，太阳笑红了脸，在做最后的张望。（《仅仅是开始》）

3. 秋很深了，深秋的树叶凋零了，它们狼狈地发出恼人的呜咽，在地上绝望地滚来滚去。（《为了幸福的明天》）

4. 它可以在敌人阵地高头飞翔，看清那里是敌人弱点，可以决定我们攻击的方向，……（《火光在前》）

5. 黄昏，用着它轻捷的步子，悄悄地，从山的那边，从村头，从院子里走进了白大夫的屋子，屋子的光线更见黯淡了。（《白求恩大夫》）

上面例1是把"嘴"拟做人，例2是把"太阳"拟做人，例3是把"树叶"拟做人，例4是把"它"（指一只白色水鸟）拟做人，例5是把"黄昏"拟做人。

（三）物拟物　例如：

1. 有一种思想尖锐的刺疼着他。（《火光在前》）
2. 他用眼睛扫了一下前面的三个人。（《五号码

头》）

3. 满天疏疏落落的小星星，都缩着头，冷得乱哆嗦。（《三千里江山》）

4. 江沿上的苞米秸子呜呜的山叫，吓破雀的胆子。（《江山村十日》）

5. 复仇的火，悲愤的火，在每个人的脑海里燃烧着。（《决斗》）

上面例 1 是把"思想"拟成"尖锐的东西"，例 2 是把"眼睛"拟成"扫帚"，例 3 是把"星星"拟成"有生命的动物"，例 4 是把植物"苞米秸子"拟成"会叫的动物"，例 5 是把"愤怒"拟成"火焰"。

巧 构
形 式

把本来一板三眼的句子形式，构造成新奇巧妙的形式，这也是活用句子，也就是变化句子。这一类变化方法，本来也都是修辞方法的一种。但一涉及修辞，好像是有意要美化句子才这样做，但事实上有些方法，只是由于语言的习惯或事实的需要，并不都是为了要美化句子。

变化句子的形式，最平常的，有：勹、循环式，夂、连锁式两种。

勺、循环式

（一）单句循环　例如：

1. 鱼找鱼，虾找虾。（《晴天》）

2. 捐的捐，税的税。（《魏妈妈》）

3. 文能文，武能武。（《新儿女英雄传》）

4. 说是说，渴是渴。（《游击队长》）

5. 死的死，散的散。（《金锁》）

6. 风连风，雨连雨，人连人，口连口。（《赶车传》）

（二）双句循环　例如：

1. 你催我，我催你。（《韩营半月》）

2. 口问心，心问口。（《赶车传》）

3. 你看着我，我看着你。（《新儿女英雄传》）

4. 一人为大家，大家为一人。（《三千里江山》）

5. 公家也是私家，私家也是公家。（《仅仅是开始》）

6. 一袋烟一闪三十年，三十年一闪一袋烟。（《种盐英雄郭负才》）

ㄆ、连锁式

（一）两句连锁　例如：

1. 反正你对得起我，我就对得起你！（《金锁》）

2. 外面刮着风，风把炉筒子抽得呼呼的山响。（《江山村十日》）

3. 被卷一头露出一双乌溜溜的小眼睛，小眼睛像看生人似的瞪着他。（《在零下四十度》）

4. 公公来了小叔来，小叔来了婆婆来。（《新儿女英雄传》）

5. 果然有一天，妈来了，而且妈胖了！妈胖了！小折多快乐呀！（《一个女人翻身的故事》）

（二）三句连锁　例如：

1. 船破有底，底破有帮，帮破还有三千六百个钉子。（《江山村十日》）

2. 有个农村叫张家庄，张家庄有个张木匠，张木匠有个好老婆。（《登记》）

3. 赵全功找赵得禄，赵得禄找张裕民，张裕民找工作组的同志。（《桑干河上》）

4. 头上戴顶黑草帽，帽上镶个五角星，五角星是红

172　　　　　习作初步

的。(《一个女人翻身的故事》)

5. 无根山下面，有个柏树村，柏树村外有一座大柏树林子，林子里面夹杂着一些竹林、栖木、麻柳、……(小八子和红领湾》)

(三) 四五六句连锁　例如:

1. 你就说给我，我也害不了你; 你不说给我，我可不依你! (《新儿女英雄传》)

2. 归正道就有工作，有工作就能挣钱，挣钱就能发财，发财就能娶妻，娶妻就能不为干娘而糊涂。(《金锁》)

3. 这个道，有个文堂，文堂上铺红布，红布上放香炉，香炉上挂黄符，黄符上有鬼话，这鬼话有人懂，就是蓝妮不懂得。(《赶车传》)

转换语气　转换句子的语气，也是变化句子的一种方法。本来在作者只是一个平常的意思，也没有什么怀疑或感触，只消用平铺直叙的句子就可以把它表达出来。但在读者读了，如果也觉得平平凡凡，引不起什么感触，也没留下什么印象，这样，问题就产生了——我们为什么要造句呢? 当然，用其他方法来消除句子的平凡也可以，但是普通，而且在口头上最常用的，还是转换语气的一法。

变更词位有时也为了加强语气，但它只是为了加强句子里某一成分的语气，和这里所说的不同。这里是要加强整个句子的语气，因此也就等于加强整个句子的思想性。最常用的方法是：ㄅ、虚设疑问；ㄆ、张大感情。

ㄅ、虚设疑问

（一）提问　就是自己设问，自己作答来说明一个问题。例如：

1. 这么宝贵的硼砂，人民的财产，这也是经过了几十年的革命斗争才得到的，能看着它浪费掉吗？绝对不能！（《红花朵朵开》）

2. 原因在那里？原因出在秀兰身上。（《李秀兰》）

3 这一口口盐井是谁掏？这一片片盐滩是谁浇？这一口口盐井是咱伙计掏，这一片片盐滩是咱伙计浇。（《问天》）

4 小八子就不愁了吗？愁哩。（《小八子和红领湾》）

5. 你想叫我谈谈，单位面积产量，怎样提高的？种好棉花有些什么经验？说句实在话：这主要的是由于党的领导和群众的帮助，也就是，只要听政府的话，团结起来，没有搞不好的事。（《种棉英雄曾广福》）

6. 有人问：你对牛差差和孟祥英的婆婆、丈夫，都写得好像有点不恭敬，难道不许人家以后再转变吗？答：孟祥英今年才二十三岁，以后每年开劳动英雄会都要编写一回，谁变好谁变坏，你怕明年编写不上去吗？（《孟祥英翻身》）

上面都是自问自答的句子，作者的主要目的，只在要说出答话里的意思，那个问句只用来作为陪衬。

（二）反诘　就是用相反的语气提出诘问，不必回答，回答即在问句里面。例如：

1. 抽个烟儿，犯了什么罪呀？（《新儿女英雄传》）

2. 在北朝鲜你还能找到一座好城？（《三千里江山》）

3. 福山叔，你看我还能说假话？（《正月新春》）

4. 你这不是给革命出力吗？（《仅仅是开始》）

5. 只要你进步，在战场再好好努力，哪一个会不拥护你入党？（《火光在前》）

6. 他不是寻了我们妇女部长小多儿了吗？（《正月》）

上面例 1 到例 3 是用肯定语气提出诘问，它的正面意思都是否定的；例 4 到例 6 恰相反，是把肯定的意思用否定句来提出诘问。

夂、张大感情

（一）用感叹词　就是在叙述句、描写句或判断句后面，加表感叹的意思的表达词。例如：

1. "旧的不去，新的不来呀！"（《正月》）
2. 这鞋还是在那里拿的呢。（《走出以后》）
3. 很快，一会儿就热啦。（《雷老婆》）
4. 我自己的家门，道路熟着哩！（《种谷的人》）
5. 那时候，小折还没决心呵！（《一个女人翻身的故事》）
6. 我们还有手榴弹哩！（《吴召儿》）

上面的例句，例 1、例 2 本是叙述句，例 3、例 4 本是描写句，例 5、例 6 本是判断句，现在加用了感叹词，都因语气改变而成为兼表达句。

（二）用感叹号　就是在叙述句、描写句或判断句的后面，加标点符号感叹号（！）。例如：

1. 我的孩子不上敌占区！（《正月》）

2. 我去找个人来饮饮！（《种谷的人》）

3. 你看刘兰多干净！（《看护》）

4. "红军老总们憩息！"（《怀义湾》）

5. 我们是抗日的儿童团！（《黄敏儿》）

6. "一样能完成任务，是一个女自卫队的队员！"
（《吴召儿》）

上面的六个句子，也是例1、例2本是叙述句，例3、
例4本是描写句，例5、例6本是判断句，因为加用了感叹
号，也因语气改变而成为兼表达句。

加深印象 为了要加深读者的印象，把本来要说的事
物，或从正面直接增加，或直接减低它的分量，
或从反面说起，以增加或减低正面的分量，也是
变化句子的一种方法。这种句子，从表面上看，有时会觉得
很不合理，甚至是荒谬，然而实际上却是人人都会这样说，
这样用的。

加深印象有两种方法：夂、言过其实；夊、正反相衬。

夂、言过其实

（一）故意的伸张　例如：

1. 咱们拔根汗毛，可比他们腰还粗呢！（《一个女

人翻身的故事》)

2. 他也要痛得直哼哼的满天底下人都知道。(《三千里江山》)

3. 高福彬一百个不答应，叫我赔他的黄骄马。(《江山村十日》)

4. 种一辈子穷两辈子，种两辈子就绝了种。(《孙颜秀》)

(二) 故意的收缩　例如：

1. 素贞和贵生娘寸步不离的轮流着守他。(《不疲倦的斗争》)

2. 刘双喜是个织布工人，捎带种着巴掌大一块地。(《新儿女英雄传》)

3. 半个也没有看见。(《牛永贵挂彩》)

4. 真是半天走一步，走三步退两步的慢慢往山上爬着。(《松平里》)

(三) 故意的提前　例如：

1. 不梳头脸上就发光，不吃饭就饱了肚子。(《江山村十日》)

2. 但他们的接近是不多的，永远保持着一定的距离。(《为了幸福的明天》)

3. 宁可天不落雨先撑着雨伞，有个准备总比较好。(《土地》)

4. "你不要忘记！虽说是天南地北，我也要死等着你！"(《活人塘》)

(四) 故意的倒反　例如：

1. 癞虾蟆想吃天鹅肉，穷鬼们还能闹成大事情，撒泡尿来照照你的影，球眉鼠眼还会成了精！五黄六月会飞雪花？太阳会从西方出来吗？(《王贵与李香香》)

2. 大清早起驮上一驮盐，来到你衙门等了老半天，等的碌碡开了花，等的石头发了芽，等的骡子生了马，等的哑巴说了话。(《三皇峁》)

3. 我说：这可是碌碡开花，老阳儿打西出来了，给俺们的装振刚蒸块黏糕吃，犒劳犒劳。(《团结立功》)

4. "世界变了，铁树开了花，哑巴说了话，枯死的老树又长起嫩绿的叶子，老年的人们变得美丽而年轻了。"(《中央访问团来到蒙古草原上》)

夂、正反相衬

（一）用过去衬现在　例如：

1. 以前他是横草不想拿成竖的，越强迫他越不干；今天,他却累得满头大汗也不肯休息了。（《韩秀贞》）

2. 从前婆姨妇娃穿不上裤，如今新袄新裤新围裙。（《平妖记》）

3. 我当长工的时候，十年八年不说一句话，现在要把那十年八年的话一起说出来。（《亲人》）

4. 在昨天，他还认为最淘气的两个媳妇，现在却不知什么回事变了样，就是连他平时最讨厌、最不爱听的狗他娘的那副高嗓子，现在却觉得她最和善、最使人欢喜的了。（《追肥》）

5. 过去蒋介石匪帮说我们蒙古人是"吃牛粪喝马尿长大的野蛮人"，然而这些"野蛮人"今天在毛主席、共产党的领导和教养下，变成了新的人，先进的人，像钢铁般坚强的人，我们不但会建设祖国的边疆，美丽的内蒙古；而且也知道怎样来保卫它。（《科尔沁草原的人们》）

6. 旧前念书要花钱，而今公家满供满垫，世上还有这么便宜的事情？（《种谷记》）

（二）用反面衬正面　例如：

1. 人家在河里喊救命，我倒在船上唱山歌！（《柳堡的故事》）

2. 一个是暖和得令人舍不得的热炕和被窝，一个是刮骨割肉的冰冷世界。(《领导》)

3. 暖个腾腾被窝筒，掌柜的蒙脑做甜梦；凉个哇哇老北风，咱伙计抽脖子挨球冻。(《人人都说种盐好》)

4. 小花想要像小妹一样地说话、一样地叫喊、一样地奔跑跳跃。可是她不能，她只能在自己的心里说话、心里叫喊、心里奔跑跳跃。(《车子翻身》)

5. 地主家里的猪吃的是咸鱼大米粥，狗吃的是牛肉和烧鹅，但是阿蝉吃的是缺盐的糠秕糙。(《阿蝉》)

6. 顽固圪垯和日本鬼子害得我们一家人不像人，鬼不像鬼，共产党八路军救活了一家人的命，还把我们往好日子上引。(《新与旧》)

（三）用否定衬肯定　例如：

1. 在那火光中烧的不是旁人，正是自己的父亲。

(《火光在前》)

2. 他不是个人,是一个鬼。(《高干大》)

3. 她不是我的女儿,她是石头缝儿里爆出来的!(《风云初记二集》)

4. 村子里的人都知道:不是给她儿子娶媳妇,是给高福彬老婆娶媳妇。(《江山村十日》)

5. 她不是有甚么伤心,她是爱丈夫爱的心疼。(《竞赛》)

6. 我给你找个人,姓名也找好的:不姓猪,不姓狗,也不姓天,也不姓地,也不姓山,也不姓水,也不姓金,也不姓石,要他姓共;姓共的也多,只能找一个。(《赶车传》)

(四)用肯定衬否定 例如:

1. 林德贵在她眼里是仇恨不是爱情。(《钟》)

2. 她只能做大人眼皮底下的孩子,做不了人家的媳妇。(《江山村十日》)

3. 四爷是享惯了炮楼上的福,吃不惯炮楼下的苦啊。(《粮食》)

4. "咱们要死的,不要活的!"(《韩营半月》)

5. 能吃短苦,不吃长苦;多吃小苦,不吃大苦。(《一支运粮队》)

6. 我卖了人,我卖不了心;我卖了闺女,我卖不了冤仇! (《赶车传》)

下篇　组织文章

一　文章的种类

文章是集合许多连续或相关的意思组织成功的文字机构，所以不论是一段、一节、一篇、一章、一本或一部，只要是用意思连续或相关的句子组织成功的，都叫做文章。也有人把文章称做作品，但不及文章的意义来得广泛，因为作品往往只用来指称文艺创作，文章是不论什么性质的作品都可以指称的。

文章的类别，也同句子一样，句子分为叙述句、描写句、判断句和表达句，全是依照它里面所含的主要词来分别的，文章也分为叙述文、描写文、判断文和表达文，也是依照它里面所含的主要句来分别的。不过它和句子也有不同所在，因为文章包含许多的意思，不像句子只包含一个意思那样单纯，因此，它为了要传达一个完整的思想，发抒一个完整的感情，除了用各种必需的主要句外，还可兼用其他作用的句子，和变化

　　　　　习作初步

句子,以增强传达发抒的效率。因此,我们在叙述文里也可看到描写句,在描写文里也可看到判断句,在判断文里也可看到表达句,这不是文章的不纯粹,而是文章组织上必须有的灵活变化。关于它们详细的区别,后面再分类说明。

叙述文 叙述文以叙述句为主要句,其次是叙述兼描写句和判断兼叙述句,此外还可以兼用其他单纯作用的句子。叙述文的主要作用在于叙述一连串连续性的行动,所以不论有形或无形的事物,只要是具有动态或动性,用叙述句及其他必要的句子叙述出来的,就是叙述文。

过去还把叙述文分为两种,就是科学的(也称知识的)叙述文和文学的(也称艺术的)叙述文,大约在叙述句外多用兼判断句的为科学的叙述文,多用兼描写句的为文学的叙述文。但这种分类在这里并非必要,我们所要知道的乃是叙述文一般的叙述些什么,也就是叙述文的作用究竟怎样。

后面是一些叙述文的例子。

ㄅ、叙述生产行动

(一)工厂 例如:

八点钟整,口哨响了。今天,唐长仁凸着腮,眯着眼,站了半天,脸上的表情还是一成不变。口哨是小宋吹的,这是协同动作的信号。每个人都在工作岗位上站好,只有唐长仁照顾全盘,他挨着小宋,在铜网旁边站下。开机的第一个程序,是开动铜网。所有的水管都扭开了,冲洗着铜网。过了一阵,纸浆才从浆槽里冒出来,流在铜网上。最初,纸浆厚薄不匀,有时像一层霜,有时又像一阵云。把它调剂到需要的程度,而且纸浆上面汪起一片水光的时候,第二次口哨又响了。这是再一次提起协同动作的注意,准备要正式出纸了。但是今天,工作并不顺利。纸张并没有按照程序,由铜网平安地走进复卷机。它刚刚走到烘缸中部,纸头在后面第一道压滚子那里断了。口哨又一连声地吹起来。要把机器上干的和半干的纸,统统拿出来,等着第二次接头。平常,也发生过这种情况,甚至在三次四次接头之后,才能正式运转。(《我们的节日》)

(二)农作 例如:

第二天,太阳刚露头,张初元领着突击组,已经在地里动弹起来了。这里,离据点满共才有三里路,爬在前边山峁峁上放哨的民兵,一抬头,就能瞭见汾河川里敌人的白碉堡,后边这条梁上,四犋大犍牛,正在紧张的耕地。一犋牛后边跟着一个撒籽的人。八个年青后生,谁也不言停,不吆喊,只是鞭杆打牛屁股。老张腰里插着手榴弹,紧捏着犁把,走在最前头,另外的人紧跟着。四犋牛真像飞一样,一息走在地这头,一息走在地那头,一大片一大片的地都翻过了。(《张初元的故事》)

夊、叙述战斗行动

(一)战争　例如:

这时,把民兵引来老虎山梁的康有富,吓得枪也丢了,鞋也掉了,藏在一棵大枯树后面,浑身瘫软,两腿乱抖,好似老鼠吃了灯油子一样,屎尿早拉一裤裆。他真万没想到,原来桦林霸叫他干的,是这么一件危险可怕的事情!要跑,枪弹如雨,打得头也抬不起来!又听周丑孩跑上来一喊,说敌人冲上来了,早已吓得昏头转向了。正在焦急,见眼前黄蜡蜡冲上来几个敌人,心里一急,不分东西南北,撒腿就跑,一颗子弹飞来,正好穿透他的左耳,鲜血顺脖颈淌了下来;他顾不了这些,糊里糊涂,直往前跑,不料恰好闯到敌人怀里,被敌人抓住了。这时,趴在坟里的孟二楞、张有义、马保儿、李有红,看见敌人顺大路冲上来,手榴弹也打完了,就捡起石块雹子般打过去,把三个敌人打得头破血流倒在地上。孟二楞眼珠血红,提着上了刺刀的步枪,从围墙后跳出来,对准带了伤的敌人"噗刺""噗刺"三刀戳死三个。刚一回头,身后又冲过来三个敌人，早被一个敌人抓住了他的衣领，孟二楞扭转身来一刺刀，不偏不斜，正从这个敌人的胸膛里穿过去。他拔出刺刀来正要刺另一个敌人，一见刺刀弯了，拉开栓，枪里也没了子弹，正在着急，张有义、马保儿已从后面闯上来，和那两个敌人撕拼。那两个敌人丢开孟二楞，去战张有义、马保儿，孟二楞乘机猛扑上去，一下抱住了一个，一咬牙，便把敌人摔倒在地，举拳打了两拳，不抵事，就地搬起够八十斤重的一面石桌，一下把敌人脑袋捣了个血浆迸流。(《吕梁英雄传》)

(二)打架　例如:

高干大一听了更加愤怒，又举起拳头像擂鼓一般往下打。郝四儿看见哀求无效，知道这回是再没有希望了，便看准机会，竖起两腿，——很快地把两腿伸到坐在他肚子上的高干大前面，用两个腿肚卡住高干大的两肩，再用了拼死的劲儿这么一蹬，把本来是坐着的高干大蹬得朝后仰倒，他再趁着这股劲儿把身体往下一翻，两个人就颠头倒脚，扭成一根麻花似地，顺着一片很陡的斜坡滚下去了。这片斜坡是一片荒地，上面长满了野草和各种有刺的小灌木像野蔷薇、酸枣之类的东西。在那天旋地转的滚动当中，高干大早已不知道痛，伸出手来，拼命想揪住

一点什么东西,以免再往下滚。可是他虽然抓得满手鲜血,还是停止不住。这片斜坡是陡得过于了。(《高干大》)

一、叙述自然行动

（一）暴风　例如：

> 暴风从伊克昭盟鄂尔多斯部的乌审旗一带越过了长城,顺着无定河滚了下来,又以飞快的速度向黄河沿岸推进了。风挟着长城内外的沙粒和牛、羊、骆驼的粪屑,把它所经过的空间完全填塞起来,使天地接连了,山头上来不及往回跑的受苦人睁不开眼睛。暴风呼叫着邪魔野鬼的调子,扫起地上的尘土,使边区明媚、爽朗、愉快的山野暂时间变得地狱一般黑暗。风扯着人的衣襟,摘着人的头巾,沙子射着人的眼睛。从村东南回家的人被风阻挠着,直不起腰;而从西北方的则被风推送着,站都站不住。河沟里树枝摇曳着,似乎要挣脱树干随风而去的样子;枝丫间,喜鹊辛辛苦苦筑起的巢,被风毫不费力地拆掉,那一根一根衔来的干枝枯草都纷飞去了。池塘里水面上盖了一层尘土,涟漪的河水和蓖麻油一样混沌。(《种谷记》)

（二）大水　例如：

　　这一天，西南风来得特别紧，黄河的水飞涨起来，韩秀贞一手挎着讨饭篮子，一手夹着弟弟，来到一个河岔子上，刚进去，水才没了膝盖，一会儿水就没了腰，她急忙把弟弟举在头顶上，用嘴咬着篮子，猛力的向前挣扎着，小小的年纪，怎么也抵不住这凶猛的黄水，她已经被卷花的浪头漂起来了！她两手抓住头上的弟弟，被浪花一卷一卷的旋转起来，嘴里的讨饭篮子早已不知漂到那里去了！忽然，在她的面前浮起了一根木棒，她就用力的向这根木棒抓去，但是，她一松手，弟弟就被卷到浪花里了，等她已经抓住木棒的时候，弟弟的影子早已不见了。（《韩秀贞》）

二、叙述联系行动

（一）人和人　例如：

　　周兰跟着她妈走进了会场，第一眼就看见了俊巴子金成站在地当心，挺着溜直的腰板，扬着手打拍子，头发搭在脑皮上，圆脸蛋笑嘻嘻的。"他笑什么呢？"她想金成一定有什么好笑的事情，她猜不透。角落里有人叫嚷着。金成转过身子去，领着一群基干队向妇女拉歌子，小伙子们兴高彩烈[1]地拍着巴掌,可着嗓子叫喊:"妇女,快快来! 快快……"妇女们更不让份,听见有人拉歌子,张大嫂从上炕站起来,摆着手。张素珍张着大嘴牙子嘈叫,反过来向基干队拉歌子,喊着口号:"基干队,再来一个吧!"南北炕对喊起来,脆快的巴掌声不断条的响着。(《江山村十日》)

(二)人和物　例如:

　　芒种拿起饼子,连蹦带跳的跑下堤埝去,他头一回听见子午镇村边柳树行子里的小鸟们叫的这样好听。小风从他的身后边吹过来,走在路上,像飞一样。前边有一辆串亲的黄牛车,他追了过去;前边又有一个卖甜瓜的小贩,挑着八股绳去赶集,他也赶过去了。他要追过一切,跑到前边去。有一棵庄稼,倒在大路上,他想:"这么大的穗子,糟蹋了真可惜了儿的!"扶了起来。车道沟里有一个大甩洼:"后面的车过来,一不小心要翻了哩!"把它填平,走到一个村口,一个老汉推着一小车粮食上堤坡,努着全身的力气,推上一半去,又退了下来,他赶上去帮助。到街里,谁家的孩子栽倒了,他扶了起来,哄着去找娘。

---

〔1〕 兴高彩烈:今写作"兴高采烈"。

(《风云初记》)

描写文以描写句为主要句,其次是描写兼叙述句和判断兼描写句,此外也可兼用其他单纯作用的句子。描写文的主要作用,在于描写一切不活动的状态,所以不论有形或无形的事物,只要具有静态或静性,用描写句及其他必要的句子描写出来的,就是描写文。

过去也分描写文为两种,就是科学的描写文和文学的描写文,大约在描写句外多用兼判断句的为科学的描写文,多用兼叙述句的为文学的描写文。在这里,我们也不需要再加区别,我们要知道的是描写文有些什么内容,由此可看出它所产生的效用是什么。

下面也是一些例子。

ㄅ、描写人物状态

(一)男性　例如:

黑乌乌的枣树林里,走出一小队人马,为首的是一匹高大的棕红色骏马,英武地踏着雪地,发出沙沙的音响。那上面坐着一个外国人,穿一身灰色的布军装,胳臂上挂着"八路"的臂章,腰间扎着一条宽皮带,脚上穿着一双草鞋,——一个道地的中国士兵的装束。他的身材魁梧而硕壮,面孔却有点清瘦,颧骨微高,浓眉下面深藏着一对炯灼的眼睛,那里面饱含着无边的慈爱;宽大的嘴角上,浮着意味深长的微笑;他的头发和嘴上翘起的短髭,都已灰白了。他已是快五十的人,但精神却很矍铄,像一个活泼健壮的青年。看见村外有人排队在欢迎他,他连忙跳下马来,高高举起右手:行了一个西班牙礼。(《白求恩大夫》)

(二)女性 例如:

我住的是东房,西屋是牲口圈;北屋台阶上面,那两个妇女都在做针线活。妹妹金凤,看样子顶多不过二十挂零,细长个子四方脸,眼珠子黄里带黑,不是那乌油油放光的眼睛,转动起来,可也"忽悠忽悠"地有神;可惜这山沟里,人家穷,轻易见不着个洋布、花布的,她也跟别的妇女一样,黑布袄裤,裤子还是补了好几块的,浑身上下倒是挺干净;这会她还正在补着条小棉裤,想是她弟弟的吧!她姐姐看来却像平三十子年岁了,圆脸上倒也有白有红,可就是眼角边、额头上皱纹不少,棉裤裤脚口还用带子绑起来了,一个十足的中年妇人模样;她还在纳她的底子。(《我的两家房东》)

夂、描写山水状态

(一)山 例如：

    但对朝鲜的山水，武震也不能不看两眼。他随那人民军战士往联队部去，半路立在高处一望，远远近近都是山。远山灰濛濛的，一重比一重远，一重比一重淡。近处山岭长满密丛丛的赤松，霜雪一洗，碧绿鲜亮，透出股淡淡的青气。松树又爱招风，光听见四面山头忽忽好响，不知风有多大，山洼的栗子树、苹果树，却只轻轻摇摆着。大沟里高高低低净稻田，稻子收割了，还没运走，乱堆在野地里，一个一个尖顶小窝棚似的，数不清数。这使人想起战争。敌人到过这带，没站稳脚就被中国人民志愿军轰跑了，处处留下了敌人焚烧的惨象。(《三千里江山》)

(二)水 例如：

    没有风，天空是蔚蓝的，太阳照耀着这深绿色的平静的湖面，活像一面平平的、起着反光的镜子。阳光猛烈的时候，湖面是白色的、闪亮的；平时，湖却是柔和的深绿色，像一块厚玻璃似地。有星光的夏夜里，吹着一点微风，长长的黑色的玉带湖便跳跃着许多闪光的星点，和天上的银河媲美着。啊，她比银河更富于风韵。下起细雨来,玉带湖更是迷人地美丽,那是银灰色的朦胧的一片,像半醒的美女,又像带泪的婴孩——那么单纯,那么可爱。它那雄浑的银灰色,启示着人懂得用力量去冲破困难,去追求光明。玉带湖也有愤怒的时候,刮着大风,她便兴起两三丈高的浪,风吼的声响,由浪的尖顶一个接一个地传开去。(《原动力》)

一、描写花木状态

(一)花 例如:

今天是个响晴的天气,太阳从东边出来,红橙橙的,照在广阔的东科尔沁中旗草原上,经过久雨之后,显得特别新鲜、明朗,亮晶晶的直晃眼睛;彷佛一个久别的朋友,现在又在人间露面了,大家用眼睛望着它,都觉得十分亲切。它照着草地,草地格外发青,它照着花朵,花朵格外明妍;那粉红的喇叭花、娇翠的马兰花、细瓣的小黄花、淡淡的白花、压葫芦苗、野茴香、猫眼睛花,草原上有多少数不清道不尽长骨朵的花呵!见了太阳,都睁开了眼睛。(《开不败的花朵》)

(二)树 例如：

　　太阳已经升起。老胡向南边的山坡走去。现在正是秋收快完，小麦已经开始下种的时候，坡下的地全都掘好了，一条条小的密的沟，土是黑颜色湿的。地，拿这个山坡做依靠，横的并排的，一垄垄伸到沙滩，像风琴上的键板。山坡和山坡的中间，有许多枣树，今年枣儿很少，已经打过，枣叶还没落，却已经发黄，黄的淡淡的，那么可爱，人工无论如何配不出那样的颜色。而在靠近村庄的楸树、香椿、梧桐、花椒、小叶杨树的中间，一棵大叶白杨高高耸起，一个喜鹊的窝巢架在枝叶的正中央，就像在城市的街道中央，一个高高的塔尖上挂了一架钟，喜鹊正在早晨的阳光和雾气中间旋飞噪叫。(《老胡的事》)

匚、描写田野状态

(一)庄稼 例如：

　　这个庄园，在高山的背后，只在太阳刚升上来，这里才能见到光亮，很快就又阴暗下来。东北角上一洼小小的泉水冒着水花没有声响，一条小小的溪流绕着山根流，也没有声响，水大部分渗透到沙土里去了。这里种着像炕那样大的一块玉蜀黍，像锅台那样大的一块土豆，周围是扁豆,十几棵倭瓜蔓,就奔着高山爬上去了!在这样高的黑石山上,找块能种庄稼的泥土是这样难,种地的人就小心整齐的用石块把地包镶起来,恐怕雨水把泥土冲下去。奇怪!在这样少见阳光,阴湿寒冷的地方,庄稼长的那样青翠,那样坚实。玉蜀黍很高,扁豆角又厚又大,绿的发黑,像说梅花调用的铁响板。(《吴召儿》)

(二)村庄 例如:

这是阳历四月里的一个清早,冰雪都化了。屯子里外,只有沟沟洼洼,背阴洼地里,星星点点的,还有一些白色的点子。道旁的顺水壕里,浑绿的水,哗哗的流淌。一群一群的鹅鸭在壕里游走,寻食和鸣叫的。大地解冻了。南风吹刮着,就是在清早,风刮在脸上,也不刺骨了,柳树和榆木的枝上冒出红的小疙瘩,长着嫩丝的叶芽,远远一望,好像一片贴在蓝玉的天上的杂色的烟云。小家雀子在枝头上啼噪和蹦跳。家家的洋草屋顶上,升起白色透明的炊烟。家家的院子里,柴火垛赶上房檐似的高。房前屋后,在没有篱墙、没有障子的地方,都堆起一列列的柈子,整整齐齐的,像是木砌的一垛一垛的高墙。(《暴风骤雨》)

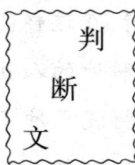

判断文以判断句为主要句,其次是判断兼叙述或描写句,此外也可兼用其他单纯作用的句子。判断文的主要作用,在于判断一切固定不变的人物和事理,所以只有是非、有无、同异、能不能、该不该……,而没有动态和静态。因此不论有形或无形的事物,只要具有固定不变的是非、有无、同异、能不能、该不该……的性态,用判断句或其他必要的句子来下判断的,就是判断文。

过去分判断文为说明文和议论文,或合称为论说文。现在议论文称为理论文,是专门性的学术论文,写作方法比较高深,不能放在讲普通写作技术书里来讲。所以这里所谓判断文,实在只包括过去的说明文(也称说解文或解释文)和一部分普通的议论文。

下面是些判断文的例子。

冂、判断事物的是非

(一)物　例如:

他这身衣服的颜色,在天津是很显得突出,也觉得土气。但是在阜平,这样一身衣服,织染既是不容易,穿上也就觉得鲜亮好看了。阜平土地很少,山上都是黑石头,雨水很多很暴,有些泥土就冲到冀中平原上来了——冀中是我的家乡。阜平的农民没有见过大的地块,他们所有的,只是像炕台那么大,或是像锅台那样大的一块土地。在这小小的、不规整的,有时是尖形的,有时是半圆形的,有时是梯形的小块土地上,他们费尽心思,全力经营。他们用石块垒起,用泥土包住,他们在边沿栽上枣树,在中间种上玉黍。(《山地回忆》)

(二)人 例如:

一九五〇年春天,新疆奇台县人民法院在清理解放前的案件中,发现一个哈萨克的囚犯,卷宗和审讯的记录中,都说她叫帕格牙,是一个女强盗。经过调查和审讯,证明她并不是,而是一个善良的哈萨克妇女。不过她过去的作为确实使人惊骇——使人感到她是那样不平凡,那样勇敢!(《阿合买提与帕格牙》)

夂、判断事物的有无

(一)物 例如:

原来朝鲜是个半岛,多山多水。著名的有五大江,六大山。五大江是鸭绿江,图们江,大同江,汉江,洛东江。六大山是白头山,金刚山,妙香山,智异山,太白山,汉拿山。古时候,朝鲜还是个封建王朝,曾经拿无穷花当国花。其实人民倒更喜欢春天漫山开的金达莱花。不过无穷花开的最旺，一个菁荚连一个菁荚，开起来没头，从六七月一直能开到秋末，长的又泼，随便掐一枝插到泥里，就活了，所以繁生的遍地都是。(《三千里江山》)

(二)人　例如：

有个农村叫张家庄。张家庄有个张木匠。张木匠有个好老婆，外号叫个"小飞蛾"。"小飞蛾"生了个女儿叫"艾艾"，算到一九五〇年阴历正月十五元宵节，虚岁二十，周岁十九。庄上有个青年叫"小晚"，正和艾艾搞恋爱。故事就出在他们两个人身上。(《登记》)

一、判断事物的能不能
(一)事　例如：

这时节，全城各处打的正在劲上。各个指挥所的指挥员，为了指挥方便，手不离电话机子，并贴到耳朵上；另一只手拿着铅笔在地图上画着小小的箭头什么的。停上几分钟，电话又来了，于是涌向前面或涌向后面，报告情况啦，请示打法啦，每个电话机子好像一个站台。你随便在那个指挥所里听一会，你就知道前面情况多么复杂，变化多么快;还有,你就知道我们部队进展的多么神速了;再有,你看着这个指挥员的沉着的笑容,听着从前方来的电话里的话语和声调,你就会觉得好像看到了对方那人坚决兴奋的面孔似的;要是你过去到过最前线的话,你也就会想像到现在战士们和敌人的撕杀[1]是多么英勇壮烈了。来,你登上这座高楼来望望,那是多少面红旗呀,当风飘着,圈成了个不整齐的大圈儿,把横竖几条中心市街,把那条大桥都圈起来了。忽然这里那里红旗拔下去,过一会,又在前面房上插起来,这告诉你:我们的部队已经打到那里了。(《仅仅是开始》)

(二)物·人 例如:

古老传言:"争秋夺麦",麦收的工作,就在平常年月也是短促紧张。今年所害怕的,不只是一场狂风,麦子就会躺在地里,几天阴雨,麦粒就会发霉;也不只担心,地里拾掇不清,耽误了晚田的下种。是因为:城里有日本,子午镇有张荫梧,他们都是黄昏时候出来的狼,企图抢劫人民辛苦耕种的丰富收成。(《风云初记二集》)

---

[1] 撕杀:今写作"厮杀"。

二、判断事物的该不该

（一）事 例如：

"你自己拿出被子来，使我很感动。你这样做是对的。一个医生，一个看护，一个事务员的责任是什么？只有一个。那责任就是使你的病人快乐，帮助他们恢复健康，恢复力量。你必须看待他们每一个人，都像你的兄弟，你的父亲——因为，就真理说，是的，他们比兄弟、父母还要亲切些，——他是你的同志。在一切事情当中，要把他们放在最前头，被子应该给他们先盖上。我们不能让伤病员不盖被子，而我们自己盖被子。我也应该和你一样把被子拿出来……"白大夫很严肃地说。（《白求恩大夫》）

（二）人 例如：

"不，不是试着办，而是决心办。厂长，我和工会执委们讨论了一下，这里有几个意见——工人们既然自动减低了工资，厂方就应该同时在各方面想办法，做到省一个钱是一个钱。譬如说，两三个经理、襄理，那么多的会计人员和生产管理员，是不是需要？譬如说，那么多的废梗，我们都把它当柴火烧了，是不是可以利用起来？另外呢？存货堆在这里，使得钱周转不过来，我们应该压低价钱把它卖出去。如果再能想法子增加资本，那就更好了——我以为不应该老是依赖政府——先给工人发一部分欠资，也是必要的；因为总要肚子吃饱了才能上工……"(《团结前进》)

表达文以表达句为主要句，因表达句的本身都是兼有其他作用的，所以它等于不论兼什么作用的句子都可以兼用，此外也可兼用其他单纯作用的句子。表达句的主要作用，在于叙述、描写、判断之外，还要表达事物内心的活动，也就是表达事物的内在的情意。所以不论有形或无形的事物，以及事物的动态、静态及性质、效用等等，只要是兼带表达情意的作用，而用表达句来表达的，就是表达文。

过去所谓抒情文就是表达文，但表达文除了表达情感之外，还能表达意思、表达愿望，所以范围要比抒情文为广。总之，凡是表达事物的内心活动的，都可属于表达文。

下面是些表达文的例子。

ㄅ、表达事物的情感

（一）悲伤　例如：

一九三九年十一月十二日清晨五时二十分。在安静的黎明中,加拿大人民优秀的儿子,勇敢严正热情的盟国战友,我们的白大夫,吐出了他最后的一口气,结束了他未竟的事业!受伤的战斗员需要像你这样爱护他们的大夫,天天在继续扩大的晋察冀边区,需要像你这样勇敢严正的战士;新中国这婴儿快要诞生了,需要像你这样热情的助产士,但你却被毒菌夺去了生命,离开我们而去了!医疗界丧失了一个诲人不倦的导师,伤病员丧失了他们再生的父母,中国丧失了一个最好的盟国的战友……(《诺尔曼·白求恩断片》)

(二)痛惜 例如:

大水——!大水——!本来那么壮的好小伙子,这会儿糟害成什么样儿了呀!脑袋肿得跟大头翁似的,狗咬的伤口都出了蛆,十个指头给钉子钉得从胳膊肘儿以下全乌紫了,浑身还哪儿瞧得见一块好肉啊!他昏迷着昏迷着,只剩下一丝儿气了。从县大队找来的卫生员,给大水打了一针,大水醒过来了。他睁开左眼,看看双喜,又看看小梅,又看看高屯儿,看着看着,猛一挺就坐起来,喊:"怎么?是你们啊!"小梅忙扶住他,哭着说:"大水啊,你回来啦,你……不碍事啦!"大水浮肿的脸儿露出笑模样了:"我回来啦,我回来啦,我可是见着你们啦!哈哈哈！哈哈哈！……"他不住的笑，他不住的说胡话，他疯了。他疯了，同志们的心儿给什么咬住了似的，都忍不住哭出声来了。(《新儿女英雄传》)

夊、表达事物的意思

(一)颂赞　例如：

这些和平与正义的好战士啊，舍了自己的爱情、骨肉……用他们的生命培养着旁人的生命，用他们的鲜血浇灌着旁人的幸福，在一九五一年"五一"节那天，当全世界欢呼歌唱的时候，他们却为着祖国，为着朝鲜，为着全世界人民的欢乐，静静地躺下了——天地间还有比这种爱更伟大的么？(《三千里江山》)

(二)谴责　例如：

"任常有，你凭什么球资格乱放这号屁？我是反革命？你看这地方，"他说到这里，用手指着自己的左脸，不过任常有并没有望他，"任常有，你看一看，这是什么人把他戳成窟窿，把我的嘴和下巴戳成这个样子的？你那时候做个什么？对呀，开个群众大会！你问问咱们这方圆五六十里的老百姓，谁不恨死你！你没开口，人家早已把你枪毙了！你把合作社做了五年,你把合作社做到那里去了？你把这份革命财产化到什么上去了？你把合作社的脖子掐住,往死里掐！别人要救活它,你不让救！你不是对革命怠工,破坏革命么？你不是暗藏的内奸,暗藏的破坏分子么?"(《高干大》)

一、表达事物的愿望

(一)志愿　例如:

　　半月来,在这些恳切的安慰和友爱的照顾下,她真正愉快起来了。她感到党比亲生父母还亲,同志们比一奶同胞更友爱;有党的培养和爱护,她的前途便无限光明,一个灿烂美好的远景正在欢迎着她,残废也不觉得残废了。她牢记着黎强同志的每一句话,黎强同志给她讲的每一个故事。她要学习苏联飞行英雄阿留沙的钢铁意志,她要和残疾作不屈的斗争,她要再回到工作岗位上去,她要学苏联人！要学苏联人的布尔什维克的品质和毅力！(《为了幸福的明天》)

(二)希望　例如:

　　治民:(拭干泪,跳上石凳,愤怒地)乡亲们！同志们！

大家亲眼看见啦！反革命死剥皮又杀了咱们一个好同志，这种深仇大恨，咱们要一辈子记在心里，不要忘记。乡亲们！同志们！今天咱们虽然杀了一个死剥皮，可是还有一些坏蛋想要来夺去咱们的土地、牛羊、粮食，他们还想把咱们踩在脚底下，给他们做牛做马。（一停）明后天，咱们红军就要开走，去攻打县城啦！要想寨子平定，要想过好日子，就全靠咱们自己啦！咱们要齐心扩大赤卫军，加紧盘查放哨，不让一个坏蛋钻进来，咱们要齐心，组织游击队，加紧练习武艺，反革命敢来进攻，咱们就把他们消灭干净。乡亲们！同志们！咱们要记住，革命是咱们用血换来的，咱们还要用血来保卫革命！（《翻天覆地的人》）

二、表达事物的心境

（一）空虚　例如：

郑超人站在岸上，从头到尾看着这场战斗，不觉看出了神。世界上真有这样英雄啊！过去，他看不起这些人。他认为他们粗鲁，他们无知，光会卖死气力，只有他郑超人才是最有头脑、最有用处的人。但他究竟有多大用处呢？在紧张热烈的人群面前，亲眼看见车长杰那种惊心动魄的行为，他忽然觉得自己多么渺小，多么可怜啊！几个月来，大大小小，他经过许多教训，今天真第一次认清自己的分量：有他，自然不多他；没他，也不少他——有他没他都是一样，反正地球在转，人类永远在前进，个人又算什么？这是明明白白的事实。一旦看清这个事实，他一时觉得好空虚，浑身软绵绵的，又软弱，又疲倦，再也站不住了。(《三千里江山》)

(二)紧张　例如：

　　双喜、大水正睡得死死的，忽然高屯儿把他们推醒，着急的说："你们还睡觉！敌人那边决了堤，水已经下来了！"他两个跳起来，就听见游击队员在街上跑着大喊："坏啦！坏啦！水下来啦！大家快起来哟！"双喜急忙拉着大水，上房顶去望。月牙儿在天边照着，水声越来越近。望得见白花花水头一路卷过来，赶得狐狸兔子乱跑乱叫。村里人声嘈杂，很多人着急的跑到房上看。只见水来得那么猛，好庄稼——好庄稼，立时都给淹了！眼看着水就要进村，村边打埝子也来不及了啊！人们喊着叫着，慌忙把屋里的粮食往房上倒，有的抱着东西往船上跑。可是水已经进村了！村里人乱哄哄的，大哭小喊，有个老婆儿尖声的嚎叫："哎哟……我的老天爷啊！可不得活了呀！"牛大水心里跟刀子戳似的，忍不住呜呜的痛哭起来。双喜觉得眼前冒金花,心口一阵热,喉咙里很腥气,哇哇的吐了几口血;他一屁股坐下来,靠在花墙上仰着头,憋得喘不过气来。(《新儿女英雄传》)

二 文章的结构

甲 分段

句子是表达一个完整而独立的意思的，文章是表达一个完整而有系统有条理的思想的，所以它虽是用许多表达完整而独立的意思的句子组织成的，但这些句子的意思，必须彼此能互相联系，这些句子的构造，也必须彼此能互相连络，才能完成文章所要表达的思想的内容和外形。段是文章的最基层组织，它也必须有一个有系统有条理的中心思想，连络许多彼此互相联系的中心思想，才能成为一篇完整的有系统、有条理的文章。所以段是组织文章的起点，因此我们要组织好文章，应该从组织好段做起。

段还可以有大小的区别：一小段就是一组互相连络的句子；一大段就是一组互相连络的小段，也就是一组小中心思想互相联系成的一个大中心思想。

从内容讲,一个段只能有一个中心思想;从外形讲,一个段也只须有一种统一的形式。因此,如果有了两个中心思想,必须分成两个段;组织形式如不能统一,也须把它们分开来写。于此可见分段在组织文章中的重要。那么应该依照什么标准来分段呢?

　　依据一般经验,分段大概有如下的几项标准:一、空间的位置;二、时间的段落;三、事迹的变移;四、说话的起讫;五、思想的发展;六、独立的主体。

　　空间的位置　　　以空间的位置为分段标准,就是在叙述事物的行动,或说明事物的存在时,换一个地方就换一段来写。前者如写旅行的经历,后者如写机关的部门都是。现在就举写旅行的经历的文章为例:

　　从玉门起,汽车跑了四天,经过长长的杳无人烟的沙漠地带以后,渐渐的看到了一些断续的村庄和田野,人们忙着在地里收割高粱。两个穿着大红布裙,头上梳着十多条小辫子和戴着绣花小绒帽的农家姑娘(维族风俗:未婚女子,有好多年纪,头上就结好多条辫子;婚后,只结两条大辫子),怀里各抱着一个约有十来斤重的哈密瓜,亮晶晶的大眼睛一眨也不眨地盯着我们,笑着,说着一些我们听不懂的话。我们知道,这就是维吾尔兄弟民族同胞,同车的人都不约而同的欢呼起来。

在哈密，这个东疆的大城市里，我们停留了三天，还看了两场电影。一场是苏联名片《攻克柏林》，另一场是《赵一曼》，在这里经常可以看到内地的名片。新华书店，在这里开设了一个支店，有维、汉文两种书籍出售，书的数量虽然不多，但对这个地方所发生的文化影响是很大的。哈密地委办了一个地方干部训练班，城内到处都可以看到在墙壁上张贴着的用维、汉文印的招生广告。新疆有十四种民族，招生广告上给每一个民族的学员都规定了一定的名额，这可见哈密地委是在有步骤有计划地培养兄弟民族干部，这是非常重要的。在这里停留的几天中，甜脆的哈密瓜，差不多塞饱了每个同志的肚子。哈密的甜瓜，是全国有名的，一年四季，在这里都可以吃到，城内卖瓜的摊子到处摆设着，价钱非常便宜，两元新疆币（新疆币一元合人民币四百五十元）就可以买到一个很大的瓜，三个人一次还吃不完，哈密真是一个名不虚传的"甜瓜的城市"。哈密全市人口四万，维吾尔族就要占去一半，哈萨克族人也将近三千；这两个民族的语言文字、宗教信仰都大致相同，和苏联的哈萨克斯坦共和国、乌兹别克共和国以及中东国家土耳其、阿拉伯等，在某些地方也相类似。

过哈密后，沿途情形比以前好得多，虽然所看到的有时还是戈壁，但不时可以看到散住着的一些村落人家，牧羊女拉着都塔尔（琴名），跳着舞，扬起高高的鞭子，赶着羊群。

过了七角井，就是号称"粮库"的鄯善。沿途尽是草原，"风吹草低见牛羊"，不到塞外，不知此情此景。鄯善境内，阡陌纵横，林木耸天，公路两旁的杨柳和白杨长得密密麻麻。同车上有人说这些树相传是左宗棠统治新疆时栽植的，"新栽杨柳三千树，引得春风渡玉关"的诗句，就是指此而说。哈密至此，汽车走了两天，这里就是古鄯善王国所在地。只是城池简陋，古代遗迹已不可见。

从鄯善到吐鲁番，还不到一天的汽车行程。沿途人烟是越来越稠密了，村庄房屋建设的式样也有些和内地不同。假使你读过萧洛霍夫的长篇小说《静静的顿河》，你就会在这里嗅到有如顿河草原风物的一些气息。

吐鲁番这个地方，夏天热得特别厉害。大家如果还记得《西游记》的话，这里便是传说中唐僧取经路过的火焰山。到现在离吐鲁番二十多里的胜金山有座火山，还是常年冒火。在地理上讲，这里是一个盆地，低于海面二八三公尺，夏季太阳一出，奇热难当，人们都钻进地洞，大街上不见一人。这样的地洞每家都有，因为人们在夏天就非得过地洞生活不可。那时热的程度，据说把合[1]好

---

〔1〕 合：今应写作"和"。

的面摊开在屋顶上,太阳能够在很短的时间就把它晒熟。但也在这个时候,天山顶上的积雪,仍是白皑皑的终年不化,这不能不说是一个奇异的景致。(《从兰州到迪化》)

这里连续的几段文章,就是依照旅行所经过的空间位置来划分的:1. 从玉门到哈密的路上,2. 哈密,3. 从哈密到鄯善的路上,4. 鄯善,5. 从鄯善到吐鲁番的路上,6. 吐鲁番,分得非常严密,没有横生的枝节。

> ### 时间的段落

以时间的段落为标准,乃是依照时间的顺序,把每一段时间里所产生的行动作为每一段文章的起讫。所谓一段时间,可以一小时为标准,也可以一天为标准,也可以一月、一年、十年、……为标准,也可以不标明时间的数量单位,而只以可告段落的一段一段的时间为标准。前者如日记,后者如叙述文中在每段的开首标明时间的都是。现在先引日记为例:

　　×月×日

今天又来了几个同志,他们看来不太痛快,都想到前方去。他们说拿枪杆儿跟敌人拼,比在这儿光挨敌人揍要强得多。我把这情况给地区指导员谈了,他说:"你们都上前方,就解决问题了?现代化的战争,不分前后方,不拿枪的战斗也很重要,也一样困难,也一样光荣……"

好吧！指导员的话很对，我要听他的指示。

×月×日

今天收到家里的信，还有小胖的照片，小胖妈说她惦记着朝鲜，每天晚上听到火车笛儿，以为是我在跑车，哈，真可笑！我离她十万八千里呢！我啊，朝鲜不胜利，是不回家的！要是她来这里，看到了敌人的残暴，她也会这样做的！给她去信，告诉她朝鲜老百姓斗争的故事，特别是朝鲜妇女吃苦耐劳的精神，希望她好好学习。

×月×日

算起来，我到添乘组三个月了，伙伴们都不再提要回包乘组去了，各人都很看重自己的工作，也爱惜自己的名誉。今天小谭对我说："这末些物资，是祖国人们的心，经过多少只肩膀扛，多少双手搬，才送到这儿的！我可不甘心让鬼子毁了它……"他说得很对。

早上十一点，去看线路，经过山洞，到停在那里防空的车上去看了一下，发现火星网漏了，本来该叫那车上的司炉来修，我想让他们多睡一忽儿。他们晚上还要跑很远的路呢，就帮忙给拾掇好了！晚上，那车上的乘务员大惊小怪的要表扬我，那又算得了什么？

×月×日

今天上级庆祝我们"百日无事故"的典型事迹，就在新礼堂发给我们奖旗，大家高兴得不行！这儿实在太好了! 想想刚到朝鲜来时,铁路沿线什么也没有,跑车一夜,白天要不睡在山洞里,就是睡在树林子里,而且总是睡不好。现在呢? 又有机车站,又有食堂,又有澡堂,最近又修了这末个大礼堂,这跟在祖国差不多了! 这是我们建设的呵! 看到自己建设的东西,格外兴奋! 真的,我直跳蹦,小谭高兴得和朝鲜孩子跳起舞来了。

今天首长讲话,要我们能和前方、和祖国的建设配合得上,比如前方战士的口号是:"一颗子弹消灭一个敌人!"祖国铁路上也在进行超轴运动等等,那末我们的工作,要怎样才能配合得上呢? 那就是争取百分之百的把物资送到前方去。我坚决响应这号召。

将来,我想小胖会摸着我胸前的奖章,叫我一声好爸爸的! 哈! 那时,我可以摸摸胡子对他说,我对得起你……(《英雄的诗》)

后面再引几段非日记而也是以时间的顺序分段的例子:

交粮的期限早过去了。可是,沙洲坝却一颗粮也没有交上去。

这天午后,乡丁到村里来找荣桂。那乡丁是狗仗人势,神气活现;他进门不见人影,上庙不见土地,气得直嚷:"荣桂这小子上山当土匪去了?"可是,还没有人答理他。他就指着房里，破口大骂："混蛋，你们要造反不成？竟敢抗交公粮，违反国法，一个个把你们抓去枪毙！"说着，把一张破桌子拍得"哗啦啦"响。

这时，荣桂扛着犁锄，急匆匆地回来了。见了乡丁，忙道："大叔来此可有事？"那乡丁正愁没处出气，他眼珠像铁弹，面孔像铁板，着着实实拍了好几下桌子，才说："公粮收齐没有？"荣桂道："年成又坏，老百姓都穷得吃不上，那来的公粮！"乡丁没想到出马又逢不利，不禁大怒，顺手抓起一把缺嘴茶壶，摔了个粉碎，顿足骂道："把你们统通都枪毙了！"荣桂突然把犁锄朝乡丁劈面一扬，冷笑道："好，你就来吧！"回头就往门外走。那乡丁赶到门口，只见门外男男女女、老老小小，个个手持犁锄铁棍，聚了一大群，马上感到势头不对，不走难保不吃亏，他说了声："回头瞧！"就脚底擦油——溜之大吉。

不到一个时辰，那乡丁果然带了两个荷枪的白鬼，三人进得村来，赶到荣桂家里，不问情由，抓住荣桂一阵拳脚，把他下巴也打掉了。这可气坏了房里的黄秀英，她一手拿扫帚，一手拿木棍，"呼"的一下，冲出房门，来一个冷不防备，把三个狗子攥出大门。她一面高声大叫："来啊，快来啊，大家来打白鬼子！"全村群众闻声赶来，好像一阵狂风暴雨，早将三个狗子打翻。把枪也缴了，捆在三棵古树上，真是仇人相见，分外眼红，大家一齐动手，你一棍，我一锄，不一会就打得半死半活，只剩下一口游气在哼哼。群众见到出了事，纷纷议论起来。有的说："怎么办呢？反动派要是知道，岂肯干休。"有的说："赶快放他们回去吧，认个错算啦！"可是，大部分人却说："要干干到底，放虎归山大家都遭殃，倒不如干脆把这三个白鬼埋了！"众人去问黄秀英，秀英坚定地说："大家的意见对，事到如今，叫反动派知道，我们也活不成。反动派杀了我们是成百成百的集体枪毙，我们难道不可以杀他两三个吗？沙洲坝人都是硬骨头，只要大家紧紧团结，我们一定会胜利的。"众人觉得黄秀英的话，句句说在心上，当场就有杨海山、杨世来、杨荣桂等二十几条年轻好汉挺身而出，把三个半死半活的狗子，抬到二里外过去中央民主政府所在地的蜈蚣岽上给打死埋了。

不料，这村有个叛徒名叫赖英，第二天就向反动派政府告了密。这消息被群众知道了，急忙送信告诉黄秀英。黄秀英立刻召集群众开会，她说："火已经烧到眉尖了，我倒有个主意，今晚上大家出动，把尸首毁掉，叫反动派拿不到证据，我们就跟他们打一个无头官司！"当夜，黄秀英带领群众到蜈蚣岽，挖出三具尸首，拖到深沟，烧得干干净净。回到村里，她又对群众说："好汉不吃眼前亏，不等反动派来，我们先上山避起来，假使没有，再慢慢回来好啦。"全村七百多人，连夜上山，只留下一个空的沙洲坝

村。(《女英雄黄秀英》)

上面两种例子,前一种虽以一天为单位,但是每天还分小段;后一种虽没有一定时间单位,但是每段的开头,标着"这天午后""这时""不到一个时辰""第二天",就是表示着是依照时间来分的。

事迹的变移　以事迹的变移为标准,就是以一个人物或多个人物的许多连续事迹的每一个事迹来分段,或每一连串相关的事迹来分段,一般的叙述文都依这个标准来分。但有时为了要使某一事迹突出,因而把这一突出的事迹成为一段,其他不重要的合一连串为一段。这就不是分段不匀,而也是写作上的一种表现方法。这一类的例子到处都是,现在先举一节写多个人事迹的变移的短文为例:

正是腊月天,下起雪来了。土豪劣绅都跟反动派窜啦,胡永福可没有跑掉,那痨病鬼听说张辉瓒在龙岗被捉到了,吓的呕了血,气喘喘的哼着呢,寿贵哥和水狗把他抬到屋子外面。

"寿贵,他快要断气了。"水狗说。他们就把那痨病鬼往雪地里一丢。可是,就在那日夜里出了乱子。

鸡叫头一遍,牛伢仔出去换哨呢,雪花一片一片地飞下来，模模糊糊的看不清树梢，田野静悄悄的。

"口令！"前面一个放哨的童子团员叫了一声。

"解放！"牛伢仔高声答着。

突然，那放哨的少先队员"哎呀"了一声。

牛伢仔死命的跑过去，一个啥东西绊了他一交。天呀！一个血淋淋的小圆头哩！他听见有"啵啵啵"的脚步声在雪地上响着，就追过去。

只见一个黑影子陡然摔倒在田坎下了，一个箭步冲了过去，一看，原来是胡永福痨病鬼！那家伙还气喘喘的想爬起来。牛伢仔举起马刀，死命地一砍，送他见阎王去了。

然后，他跑回来抱着童子团员的小尸体痛哭起来，那声音像饿狼叫似的震动了田野。哭了一阵，又抱起那颗血淋淋的小头，从风雪里跑回村来。

这正是在我回家的头一天发生的事。(《小红星》)

后面再举一节写一个人事迹的变移的短文为例：

他是从去年六月间又重新病倒了的，七月间我开始给他看病，我搬到他那里去的一天，正是他第一次发生了肠胃的症状。他日夜不能安眠。我告诉他，是由于一时的消化不好。他便很有自信地说："那就不要紧，自己会好起来的。吃了一次大亏,可是以后吃东西知道注意了。"我发现他在精神上对于疾病抵抗,有惊人的毅力。

才稍恢复之后,阿洛夫同志来看他,他们谈了十几分钟,不外是关于当时的国际形势。最后他抖擞着精神说:"中国人民一定要胜利的,非胜利不可!"说到这个的时候,他当时的神色,完全不像一个病人。

他不能够一刻不想政治问题,在养病上,这对他是不好的,他知道这个,可是不能摆脱。"二十几年的政治生活,已经养成习惯了。"他说。就是对于照护他的警卫员们,他也时时不放松对他们的教育,我时常向他表示,这些事情他管得太多了。

"我尽量不管好了。"他这样讲,"可是很难,只要问题叫我知道了,我就不能把它放在心里,总要马上解决,这也是我的习惯。"

唯一的办法,自然是有些事根本不叫他知道,可是这也不行,他终会知道的,有一次他笑着和我讲:"我总会知道的,从人的一举一动上,可以看出他的思想、情绪,这个我很熟悉。"(《关向应同志在病中》)

说话
的
起讫

以说话的起讫为标准的分段,最显著的是剧本,但剧本是分幕分场而不分段的,所以我们可以用小说里的对话做例子。小说里的对话,有的以人为单位,就是以每一个人每一次说的话起讫为分段标准;但也有在一大段里叙述许多人的说话的。不过无论分开并合,这些话都必是统属于一个中心思想的。现在先举一节每个人每次说话分开写的短文做例子:

吃完饭,李佩钟低着头,收拾了碗筷。她坐在床上,好久没说话,把头靠在那厚厚的松软的干净整齐的花布被子上。

高庆山站起来说:

"时间不早了,我该走了,这顿饺子真香! 谢谢你请客!"

"你不批评我就行了,还谢什么呢?"李佩钟说,"等一等再走,我有句话儿问你。是你们老干部讨厌知识分子吗?"她说完就笑着闭上了眼睛。

"那里的话!"高庆山说,"文化是宝贝,一个人有文化,就是有了很好的革命工作的条件。我小时没得上学念书,在工作上遇到很多困难,想起来是很大的损失,遇到知识分子,我从心里尊敬他们,觉得只有他们才是幸福,那里谈得上讨厌呢? 自然知识分子也有些缺点,为了

224　　　　习作初步

使自己的文化真正有用,应该注意克服。"

"高同志,我还有一个问题。"李佩钟说。

"什么问题?"高庆山问。

"我的婚姻问题,"李佩钟坐起来,"我想和田家离婚,你看可以吗?"

"这是你自己的事情,"高庆山说,"我很难给你提意见。可是我相信在革命过程里,你会解脱了这种苦恼,完全愉快起来。这是一个应该解决的,不能长期负担的问题。"

"你同意我离婚?"李佩钟笑着问。

高庆山点点头,走了出来,在大院里,他吸了一口冷气,整了整军装。(《风云初记》)

这许多小段,如果并合起来,也就是一大段,因为他们所说,都是统属于一个中心思想的。

后面再举一段并合许多人说话在一段里的短文例子:

劝了一会,燕燕忍住了哭跟他两个人说:"我劝你们早些想想办法吧!你看弄成这个样子伤心不伤心?"艾艾说:"你看有什么办法? 村里的大人们都是些老脑筋,谁也不愿揽咱的事,想找个人到我妈跟前提一提也找不着。"小晚说:"说好话的没有,说坏话的可不少;成天有人劝我爹说:'早些给孩子定上一个吧!不要叫尽管耽搁着!'"燕燕猛然间挺起腰来,跟发誓一样地说:"我来当你们的介绍人!我管跟你们两头的大人们提这事!"又跟艾艾说:"一村里就咱这么两个不要脸闺女,已经耽搁了一个我,难道叫连你也耽搁了?"小晚站起来说:"燕燕姐!我给你敬个礼!不论行不行冒跟我爹提一提!不行也不过是吹了吧?总比这么着不长不短好得多!就这样吧,我得走了!不要让民事主任碰上了再叫你们检讨!"说了就走了。(《登记》)

以思想的发展为分段标准,就是依照每一个思想发展的起讫来分。它和事迹的变移差不多,不过一是写具体的事物,一是写抽象的事理,一般的判断文和大部分的表达文的分段都依这个标准。但有时为了表示某一个突出的意思,因而把这一突出的意思写成一段,其他的合并为一段,这也是常见的例子。但一般的分法,还都是以属于某一个有系统的中心思想的一组句子为一段。下面是判断文的例子:

为了使人民进一步认识抗日战争在中国革命历史上的伟大意义,发扬抗日战争的精神,把抗日战争的重要经验,介绍给全世界爱好和平的人民,以反对美帝国主义的新侵略,抗日时期的文艺作品有它重要的现实意义。

抗日战争期间的文学,是有成绩的。很多作家在这一战争中,由党领导和培养起来。在战争环境里产生了丰富的报告文学、独幕剧、街头诗和墙头小说,开展了群众性的创作运动,也有了比较完整的小说作品。

因为作者大多数是初学的,是在战争环境里执笔的,这些作品一般的说是比较片断的,虽然接触的场面很广泛,主题是多种多样,现实性也比较强烈。

这些文学作品,表现了很多英雄故事、模范故事和坚贞、不屈的故事,但是还没有系统的集中的表现党是怎样启发和教育了这些农民,怎样组织和领导了敌后的人民抗日武装。

很多作品表现了抗日期间农村的变革(如减租、减息、民校识字牌、新婚姻观点),但还没有系统的表现敌后抗日民族统一战线的发展和巩固,农村民主思想民主制度的建立和进步。

也有少数作品写了部队的正规战斗,但没有系统的表现在抗日战争期间,部队怎样发扬了红军时代的优秀传统,怎样壮大起来,以及怎样掌握了毛主席的战略思想,研究改进了战斗技术。也缺乏系统表现我们怎样克服一切困苦艰难,取得胜利的作品。

我想如果把抗日战争时间的文学作品集中起来研究

一下,指出它们优异之点和不足之处,不只对读者有益,对作家们的参考意义也是很大的。(《抗日战争的文学作品》)

下面是表达文的例子:

　　我说不出话来,因为心里万分悲痛! 我流泪,眼泪并流不尽我的悲痛!

　　我的悲痛也是我们大家的,和全世界劳动人民的。我们和全世界的劳动人民需要伟大的导师斯大林和需要阳光一样,可是他已经与我们永别了!

　　但是,我们不能只相对黯然。我们必须说话,说斯大林告诉过我们的话,并且按照那些话去工作,去行动! 斯大林的精神永远不死,他的名字永远活在我们的心里! 这伟大亲切的名字永远给我们无限的力量,使我们坚强,能够去克服困难,创造幸福! 这伟大亲切的名字永远是我们心中的红旗,引导我们走向胜利!

　　收起我们的眼泪,咬上牙干吧! 我们还有敌人! 敌人会乘着我们正在悲痛的时候散布谣言,或偷袭我们! 用斯大林导师给我们的教育武装起我们每个人来吧,我们必会胜利! 我们哭斯大林,像哭我们的父亲。我们就该决心秉承他的教训,走向他指给人类所应去到的理想地方,不怕任何阻拦与困难!

斯大林这光辉伟大的名字永垂不朽!(《化悲痛为力量》)

独立的主体 以独立的主体为标准的分段,乃是将不相连续但是同时并存的几个主体事物的行动或存在,各自独立写成为一段。它们之间虽然不一定有联系,但它们必都是统属于全节或全章的一个大中心思想下面的。我们在全篇文章中有时必须分别叙述人物的行动,或分别描写事物的状况,或分别判断事理的实在,都可以用这个分段方法。后面先举一个分别叙述人物的例子:

暖和的太阳光,照着新盖的托儿所。李金玉在里面照顾着五个正酣睡在吊篮里的婴儿。

老奶奶照顾着七八个两岁到五岁的小孩在玩那新添的木马、木船,老梁头的大孩子正骑着一只木椅摇晃着。

小栓在学校里上课。

宋半瞎子和一个女社员铡草。

梁大爷喂着二三十个"壳囊"猪。

老梁头和新春、二小赶着三台三马的胶皮毂辘车往地里送粪。现在在他眼前晃悠的劳动模范金牌牌,不是他自个的,而是全组的了。

刘组长领着老贵、铁柱、老槐、根生等社员，男一排女一排地刨楂子。

在松花江下游地方，梁玉珍和她的女同学们——新起来的新中国女拖拉机手，也正在积雪的土地上，开动着拖拉机。……（《新路》）

后面再举一个分别判断事理的例子：

王皮匠拿出一针一线缝鞋的耐性儿，跟老明白一条一条地啦。老明白心里有七大糊涂，他一条一条地帮他解开：

一大糊涂是"头顶了王家的，脚踩的王家的，靠王家的地吃饭，减租没良心。"王皮匠就明明白白地算出账来，种地的倒赔本，财主吃的穷人饭。

二大糊涂是他觉着"只要家里掺糠吃着，能过得去就不希求了。"王皮匠提醒他那年那月"要饭找不到门"，不要"好了疮疤忘了疼"。今年有糠吃着，还要"年年防荒旱"。

三大糊涂是怕东家留地。王皮匠说民主政府保险，不准随便留地。

四大糊涂是觉着"东家还怪好，给过一碗两碗粮食"。王皮匠说谁不知"财主无恩官无情"。他咱给一点小甜头,也是咱自己的血汗粮,他心里是"黄老鼠给鸡拜年"!

五大糊涂是香骚瓜东拉西扯地和老明白认了个表亲。王皮匠笑着说:就是亲生兄弟,还财物各别。人家粮食一折子一折子往外淌,你家里吃糠还不牢靠。什么亲戚,屁股头上一摊青。今天用着你,就有亲了,人家分场的时候,一碗粮食都得分去半碗,一粒粮食也没多给过你哟!

六大糊涂是怕"变天"。王皮匠叫他不要轻信谣言。天不是四臭肉想变就变的。变天要看谁的力量大,就拿咱庄打个比方,四臭肉有几个? 俺这乎的又有多少? 只要大伙抱成个铁蛋,一人一口唾沫就淹死他了。

老明白的七大糊涂是说不出口的事儿,可是王皮匠摸的很清,知道他有个老脾气,就是庄稼熟了的时候,好偷几个粮食粒,打场的时候,也好偷点籽粒。老明白有几十年经验,平日里送礼送的顶勤,连长鼻子也送一份。见了东家会摆出老实可怜的样子,出差拨工随叫随到。他见了四臭肉家的狗,称呼狗老爷,称呼四臭肉四老爷,嘴里喊,心里就骂:"你和狗平辈呀!"背后里有时就叫"四臭肉"。有一回给四臭肉听见了,狠狠地揍了他一顿。他仇记在心,过了一年才报仇。连油瓶舌头都不知道,他偷偷地把四臭肉栽的一千棵树秧子拔的光光。第二天他也随和着毛老道骂了一阵街,到处去检查。毛老道抽过他一顿鞭子,也是过了两年才报仇,放火烧了毛老道两堆大草垛,救火又是他救在前面。

这样,他就觉得吃不了亏了。王皮匠说:"你老明白自以为不吃亏,其实吃亏的还是你老明白。就是偷几个籽粒吧,斗儿八升的顶多吃不了几天。减租吧,是正大光明的事,分给东家一百斤,就要找回二十五斤。"接着又给他算了一个细账:他种四臭肉二十多亩地,麦子要减三百来斤,秋粮要减五百来斤,真是偷好几年也偷不出来哟!(《晴天》)

上面例子中最后说的"七大糊涂",是这节文章的重点,所以再把它分成两个小段,以引起读者的特别注意。

乙 开头

写文章的开头,向来被视为是一件比较费力的事,原因在于开头的好坏,必将影响读者对于全文的阅读兴趣和接受程度,因此不能不特别地用力。实际上只要是有了材料才写作,而不是为了应付题目,开头应该怎样写,是不会成为问题的。而且有些文章也不一定要有开头,只要直接就写本文,如果勉强装上,反而要被视为是多余的事。

那么我们为什么还要讲开头呢?原来文章的开头,等于是演讲会开会时主席所致的介绍词,听讲的人对于演讲者不一定都熟识,也不一定都知道他将讲些什么,于是由主席先来大略介绍一下,这对于听讲者不是没有好处的。但不能一味作无谓的客套和过分的颂扬,那就成为多余的俗套,反而显得多此一举了。文章开头也是这样,需要是需要的,但也要写得恰如本文所需要,不要离题太远,也不要敷衍塞责,那确是可以帮助本文,使它产生更大的效用。

因此,我们所要讲的,乃是怎样去写开头,才能适合本文的需要。总括一般现代作品中所常用的开头材料,大概可以有如下的许多种类:一、抬出题目;二、规定材料;三、酝酿内容;四、提示要点;五、布置人物环境。后面分别加以讲述。

> 抬出
> 题目

这是作者对于本文题目的介绍词。有些已为读者所很熟悉的题目,当然不用再介绍;所介绍的题目,必是题目不是一般性而又是一时不易明了的,或是这个题目有着说明来源的必要的,或是读者不易理解为什么会有这样的题目的。因此,凡是抬出题目的开头,至少可以有如下的三种内容:勹、解释题目的意义;夂、说明题目的来历;宀、指出题目的象征。

勹、解释题目的意义 例如:

1. 靠近滹沱河南岸不远的地方,有一个村子叫做老桑树底下。这个村名,听起来有些古怪;可是说起来,倒有点来历。

老桑树底下村北,有一道二三里长的土岗子。由西北斜向东南,弯弯曲曲的像条小山岭。在这土岗子上,夹七夹八的长满些树坡子。里面有榆树、杨树、枣树、杜梨树、红荆条、柳杆子、桑坡子等等。因为这是块公地,没有人管理,所以总也长不起树来。只是东一墩、西一坡的,密密蓬蓬的杂乱生长着。一到春天,便绿葱葱的铺满了整个土岗子,远远望去,在这无边无际的大平原上,经太阳一照,曲折起伏,倒像一湾流动着的绿水。因此,人们都说这是块好地方,有风水。就在这土岗子的正脊梁背上,长着一棵老桑树。这棵桑树有多少年了? 谁也不知道。只见它又粗又高,树身子弯弯曲曲;树脑袋只剩了半个;远看倒像一个驼背的老人,佝偻着身子,歪着头站在那里。走近了,就见树皮裂开来,浑身是疤,露着白光光的身子。虽然这样,它每年还是长出又肥又大的桑叶,结成又红又甜的葚子。因为这棵树,这个村子便叫了个老桑树底下。村里年老的人们,说起这个村子的历史,都能告诉你这样一个故事:……(《老桑树底下的故事》)

2. 在火线上,发动总攻那天崩地裂的一刹那,我看见一个战士高举着红旗向前奔跑。红旗迎风飘展,鲜明耀目。红旗是我们无数英雄的鲜血所创造出来的! 它象征着奔腾的热血,无上的荣誉,以及新中国的光明,红旗到哪里,胜利就到哪里。(《红旗》)

上面两个例子,例1单纯解释题目的意义,例2兼带誉扬题目的伟大。

又、说明题目的来历　例如:

1. 敌人要打下大崮区,扶植吴逆化文,然而,南北崮岱却紧握了大崮区南北的咽喉——它直接威胁着大崮区与吴逆老巢的联系,使吴逆不敢在大崮、板崮、水泉崮……等一溜十四个崮上立足。这便使岱崮的英雄们写下这震惊敌寇的血与火的保卫战史诗。

有谁相信:方圆四百二十米和二百四十米的崮顶,在敌人十二军山田参谋长,三十二师团石井师团长亲手指挥下,会有三个步兵大队,一个炮兵中队,一个空军中队,一个伪军团,一直疯狂进攻了半月;只炸弹炮弹便花费了四十万磅以上,另外,还狠毒的用了白热的烧夷弹和两种以上的瓦斯弹:而它的抗击者,却只有九十三个人! 然而,现实的事件终于发生了;像一切革命记载里写着的一样,除了共产党的军队,历史上再也找不出这样的战斗!再也找不出这样的军队!(《南北岱崮保卫战》)

2. 游击队走过的地方,墙壁上、门板上、石碑上、木柱上,都满满的写着"消灭胡宗南""打倒蒋介石"等各式各样的标语。当中最大、最显、老远便看得清清朗朗的,是

"毛主席万岁!"五个字。(《毛主席万岁!》)

一、指出题目的象征　例如:

1. 五月梢,在蒙古草原上,到处都是开不败的花朵。
(《开不败的花朵》)

2. 村东边有个挺宽大的打麦场,场旁边有个小小的果树园,园里有两座并排着的小土坟,一棵桃树和一棵李树正好长在两座土坟的两边,相隔五六尺远,都伸出两枝丫杈,像四只手似的,互相缠绕着拉扯着,弄得树身子都弯弯着靠拢来。

每年春天,两棵树都开了花,桃花鲜红,李花雪白,但因枝杈子穿插在一起,到底也分不出红白来,远远看去,只觉得像一对披着粉纱的人,互相搀扶着倚靠着,难舍难分。

人们都叫这两棵树是相思树。(《相思树》)

> 规　定
> 材　料

这是作者对于本文材料的介绍词。作者要表示本文材料来源的真确可靠或是获得不易,或是本文限于用什么材料来写,或是为什么要用这些材料来写,……这些都是这一种开头的内容。因此,规定材料的开头的内容,至少可以有如下的三种:冂、说明材料的来源;

夂、确定材料的范围;宀、说出写作的动机。

冂、说明材料的来源　例如:

1. 我去访问折聚英啦,可想不到她有这样的一段历史! (《一个女人翻身的故事》)

2. 农历正月初三,十几位国际朋友到丰台附近的黄土岗去给我们的翻身农民拜年。老乡们开了一个联欢大会来欢迎他们。表演了狮子、高跷、排鼓、旱船等民间娱乐。会后又分别邀请这些贵宾吃包饺子。下面是那天在劳动模范殷维臣家里的情形:(《春到翻身农民家》)

夂、确定材料的范围　例如:

1. 按照北京的老规矩,过农历的新年(春节),差不多在腊月的初旬就开头了。"腊七腊八,冻死寒鸦,"这是一年里最冷的时候。可是,到了严冬,不久便是春天,所以人们并不因为寒冷而减少过年与迎春的热情。在腊八那天,人家里,寺观里,都熬腊八粥。这种特制的粥是为祭祖祭神的,可是细细一想,它倒是农业社会的一种自傲的表现——这种粥是用所有的各种的米,各种的豆,与各种的干果(杏仁,核桃仁,瓜子,荔枝肉,桂圆肉,莲子,花生米,葡萄干,菱角米……)熬成的。这不是粥,而是小型

的农产展览会！（《北京的春节》）

2. 我们这十五个人的小小代表团，这次到了苏联，除参加十月革命纪念典礼外，承主人的招待，引我们参观了许多好去处。在十余天的逗留中，我们每天起来忙到晚，迎接我们没有见过的新事物。不过我是个第一次出国的人，既不通外国语言，又没有外国常识，很不容易把我所参观过的新事物介绍出来。好在我们十五个人中出过国的占大多数，我说不出来不愁没有人说，因此我不妨说说另一方面——以一个中国老百姓的眼光，叙述一下我所见到的苏联群众生活。（《参观之外》）

一、说出写作的动机　例如：

1. 这二年生活好些，却常常想起那几年的艰苦。那几年，我们在山地里，常常接到母亲求人写来的信，她听见我们吃树叶黑豆，穿不上棉花，很是耽心焦急。其实她那里知道，我们冬天打一捆白草铺在炕上，把腿舒在袄袖里，同志们挤在一块，是睡的多么暖和！她也不知道，我们在那山沟里山地上，采摘杨柳的嫩叶，是多么热闹和快活。这一切，老年人想像不来，总以为我们像度荒年一样，整天愁眉苦脸哩。

那几年吃的坏，穿的薄，工作的很起劲。先说抽烟吧:要老乡点兰花烟合上些芝麻叶,大家分头卷好,再请一位有把握的同志去擦洋火。大伙围起来,遮住风。为的是这唯一的火种不要被风吹灭。然后先有一个人小心翼翼地抽着,大家就欢乐起来。要说是写文章,能找到一张白报纸,能找到一个墨水瓶,那就很满意了,可以坐在草堆上写,也可以坐在河旁石头上写去。那年月,有的同志曾经为一个不漏水的墨水瓶红过脸吗!有过。这不算什么,要是像今天,好墨水,车载斗量,就不会再为一个空瓶子争吵了。关于行军:就不用说从阜平到王快镇那一段讨厌的砂石路,叫人进一步退半步,不用说雁北那蹚不完的冷水小河,登不住的冰滑踏石,转不尽的阴山背后;就是两界峰的柿子,插箭岭的风雪,洪子店的豆腐,雁门关外的辣椒杂面,也使人留恋想念。还有会餐:半月以前就做精神准备,事到临头,还得拼着一场疟子,情愿吃的上吐下泻,也得弄它个碗净锅干;那怕吃过饭再去爬山呢!是谁偷过老乡的辣椒下饭,是谁用手榴弹爆炸河潭的小鱼,那个小组集资买了一头蒜,那个小组煮了狗肉大设宴席?

留在记忆里的生活,今天就是财宝。下面写的是阜平三将台小村庄我的一段亲身经历,其中都是真人真事。(《吴召儿》)

2. 写人民翻身的书,已经不少了。别人写得好的,我不敢照抄，别人写得坏的，我也不敢学。大家会记得：在我们农村里，有成千成万村干部积极工作，许多人物已经是名传全国。这些英雄之所以是英雄，决不是一步登天，而是经过千锤百炼。要问他们怎么锤的，怎么炼的？这里我把宋老小翻身的故事，作个简单的介绍。（《拍碗图》）

酝酿内容　　这是作者先把本文内容所要写的，在开头先酝酿一下。或是先把内容作简要的介绍，或是故意制造问题，等待本文来解答，或是写出事故发生的原因，这都是这种开头的主要内容。因此，酝酿内容的开头，至少可以有如下的三种：勹、介绍内容大要；夂、提出中心问题；宀、叙述事故发生。

勹、介绍内容大要　例如：

1. 福贵这个人，在村里比狗屎还臭。村里人说他第一个大毛病是手不稳；比方他走到谁院里，院里的人总要眼巴巴看着他走出大门才放心，他打谁地里走过，地里的人就得注意一下池头堰边放的烟袋衣服；谁家丢了东西，总要到他家里闲转一趟；谁家丢了牲口，总要先看看他在家不在……不过有些事大家又觉着非福贵不行：谁家死了人，要叫他去穿穿衣裳，死了小孩，也得叫他给送送，遇上埋殡死人，抬棺打墓也都离不了他。

说到庄稼活,福贵也是各路精通,一个人能抵一个半,只是没人能用得住他——身上有两毛钱就要去赌博,有时候谁家的地堰塌了大壑,任凭出双工钱,也要请他去领几天工——经他补过的壑,很不容易再塌了。可是就在用他的时候,也常常留心怕他顺便偷了什么家具。

后来因为他当了吹鼓手,他的老家长王老万要活埋他,他就偷跑了,直到去年敌人投降以后,八路军开到他村一个多月他才回来。(《福贵》)

2. 在抗美援朝、保家卫国运动中,华侨青年蚁雪清和蚁锦中,捐出了母亲给他们的全部饰物——一个金项链、四个金戒指、三个金牌和一千三百五十万人民币。姊弟两人并先后报名参加了中国人民志愿军和军事干部学校。(《热爱祖国的华侨儿女》)

夂、提出中心问题 例如:

1. 在赣榆一带的伪军中间,普遍流行着这么一句誓言:

"谁要是不凭良心,出门碰见宋纪柳!"

无论在他们开玩笑的时候,或者由于分赃不均而发生争吵的时候,这句话可以常常听得见。

究竟这位曾经作过船上"二大老"的三十多岁的汉

子,为什么会被伪军们当成一个"可怕的灾星"呢?下面听我给你讲几段关于他的故事。(《宋纪柳》)

2. 一想到建厂成功了,能够生产了,谁的心里都很高兴,觉得没有什么大不了的问题了。但以为没有问题却并不等于没有问题,开始生产以后,不久就发现有两个问题必须解决,一是锻砂炉的操作问题,一是炼台的漏烟问题。(《红花朵朵开》)

一、叙述事故发生 例如:

1. 崔金田在村里担任村副,有时工作忙,夜里开会,回家挺晚,引起了他那年轻的媳妇秋娥的不满,时常唠叨:"你说开会比吃饭睡觉还要紧呢,不是有会开就不困不饿了吗?还回来干吗?"热天,金田吃罢晚饭,出去开会以前,总要在屋子里点着一根熏蚊子的草绳;可是每次回来,那草绳总是被人踩灭了,屋子里蚊子嗡嗡得震耳朵,媳妇却睡在房顶上,把上房的梯子也拉到房顶上去了。冬天,夜里开会回来,房门总是插上了,叫也叫不开。(《秋娥》)

2. 离三月底只有十天了,可是照目前的情况,全厂旁的各部分,都没问题,问题就出在装配车间里。虽然这里的所有零件都配齐了,但六十匹马力的柴油机试车总是试不出。装配车间试车工人李顺根在引擎旁边干着急，他查查这里，摸摸那里，总是找不出毛病。新造的柴油机虽然喷着白烟，但在拖重车的时候，就好像一只疲劳的喘气的马，陪着老李在一旁干着急。（《闯关》）

提　示　要　点 这是作者把本文的重要内容在开头先为提出，以引起读者的注意。在这里面，包含全文的主题思想，全文的要旨所在，以及全文的最后论断。因此这一类的开头，可以有：冂、提示主题思想；攵、提出本文要旨；冖、先提本文结论三种。

冂、提示主题思想　例如：

1. 贫农石不烂，故事一大串，有人告田间，编了《赶车传》。《赶车传》上说，翻身有两宝；两宝叫什么？名叫智和勇。智勇两分开，翻身翻进沟；智勇两相合，好比树上鸟，两翅一拍开，山水都能过。（《赶车传》）

2. 西藏是中国的领土，西藏人民是中国的人民，这是天经地义无可争辩的事实。但是，百多年来就存在着一个"西藏问题"。这个所谓西藏问题究竟是个什么问题呢？它是帝国主义者想使我们的国土——西藏脱离中国版图从而并吞的问题，想分化和强制我西藏人民不再成为中国人民而沦为帝国主义的奴隶的问题。这是何等严重的问题呀！然而,问题还不止于此,帝国主义者还想利用西藏作为军事基地,以便发动向中国人民的进攻,达到其梦想的颠覆新中国的目的,这又是何等严重的问题呀! (《西藏问题的产生和解决》)

夂、提出本文要旨 例如

1. 您想叫我谈谈,单位面积产量,怎样提高的? 种好棉花有些什么经验? 说句实在话:这主要的是由于党的领导和群众的帮助;也就是,只要好好听政府的话,团结起来,没有搞不好的事。我常说,咱的事要比起打美国鬼子来,那真太小了,我们都得向志愿军学习! (《种棉英雄曾广福》)

2."战士是可爱的,伟大的。"政委常对下级干部们说这句话。

这一次抗击战斗中,使三营营长刘志功更明确的认识到:战士确实是最可爱,最伟大。(《一百个钟头》)

一、先提本文结论 例如:

1.《神龛记》是一本宣传资产阶级思想的小说。它掩盖了资产阶级的丑恶本质,不适当地渲染了高级职员的作用;贬抑了店员的积极性;更其严重的,是歪曲了人民政府的经济政策,把不法商人的罪恶行为,归罪于人民政府当时的某些正确的经济措施上去。(《〈神龛记〉宣传了什么》)

2."张渭良"这三个字,在朝鲜战场上,已经成为一个奇异的力量了。当人们饿的时候,渴的时候,疲倦得难以支持的时候,被困难重重地压着的时候,总是很容易想起这三个字来。"让我们想想张渭良吧!"只要谁这样一说,饥饿和疲劳,困苦和艰难,就好像向后面退避了,人们就增加了战胜困难的决习和信心。他的名字,像一盏灯一样,在人们精神疲惫的时候,就出现了,明亮了,发出强烈的光焰。(《张渭良》)

布 置
人 物
环 境

在文艺作品尤其是小说里,作者往往在作品开头首先布置人物环境。这里所谓人物,乃指作品中的主要人物,所谓环境,乃指配合书中人物活动的种种环境,如时间、地点等。这一类开头,可以有如下的几种:ㄅ、人物;ㄆ、地点;ㄇ、时间;ㄈ、人物和地点;万、时间和地点;ㄉ、人物、时间和地点。

ㄅ、人物 例如:

1."刘家峻有两个神仙,邻近各村无人不晓:一个是前庄上的二孔明,一个是后庄上的三仙姑。二孔明原来叫刘修德,当年作过生意,抬脚动手都要论一论阴阳八卦,看一看黄道黑道。三仙姑是后庄于福的老婆,每月初一十五都要顶着红布摇摇摆摆装扮天神。"(《小二黑结婚》)

2. 王成保和李春姐,两个细纱看车工人,在一个壑啦里看车。

王成保,男工,四十来岁;解放前有名的捣蛋鬼,外号"练疙瘩匠"。那工夫,他能看二十根毛棍。可是一高兴,那二百五劲上来了,就要求当头的,少看五根;当头的要非叫他二十根,那他也不说别的,就是有劲不使,断了头不接,让他练疙瘩去。李春姐,女工,十八岁;也是解放前有名的捣蛋鬼,外号"小磨咕"。那工夫,她那磨咕劲上来了,眼看当头的打那边来啦,就地一坐,两手把头一抱。当头的叫她起来,她就说肚子痛,当头的总是磨咕不过她。(《变红旗》)

夊、地点 例如

1. 南郝村虽然说不上什么山光湖色,有出奇的风景可看,却是大平原田园本色。围村一条堤,堤外接连不断已经收割起庄稼的田亩,杨柳树也很多。村西有一条大

河绕过,隔河望去,又是一围村庄,一片田亩苇坑麻地,倘在夏秋雨季,也一定有些风光景致。(《走出以后》)

2. 南丘是太湖边一个不出名的小镇,因为河道多,公路铁路都不从这里经过,每天一班的小汽船,就算是这里最新式的交通工具了。虽然辛亥革命到现在已经有几十年,可是这一带还是土皇帝的天下。(《毒蛇》)

一、时间 例如:

1. 七月的清晨,海风潮润润的,把海面上飘动着的一团团的白雾吹散,露出那红通通的太阳,和辽阔碧绿的海水。海水,起伏着成串的波浪,浩浩荡荡,万马奔腾似地一层推着一层向前涌。海洋,是多么使人可怕又使人可爱呀!(《前进》)

2. 那是十一月的天气。前几天落了一场大雪,现在背阴处雪还没有消尽。北风呼呼直吹,把大平原吹得光溜溜的,把地冻裂开一二寸宽的大缝子。天气冷得实在厉害,老百姓都呆在房里不敢出门。(《永生的战士》)

二、人物和地点 例如:

1 上海国营纱厂,那个十几丈高的烟囱,像根又粗又长的朝天铁柱,插在半天空,随便站在那里,谁都看得见。就这个厂里出了个女工王兰英,今年把她提升当了干部,厂里把她的名字,用大红纸写着快报,贴在新修的饭堂门口。提起那红纸快报,就像这厂里的烟囱一样,谁也都要伸起大拇指,说一声好。(《闷声不响》)

2. 李家庄有座龙王庙,看庙的叫"老宋"。老宋原来也有名字,可是因为他的年纪老,谁也不提他的名字;又因为他的地位低,谁也不加什么称呼,不论白胡老汉,不论才会说话的小孩,大家一致都叫他"老宋"。(《李家庄的变迁》)

万、时间和地点 例如:

1. 武乡县属东南,和襄垣沁县接界的地方,有一个不到三二十户人家的小山庄——漆树坡,也许因为它小而又特别偏僻的缘故吧,在任何详细的地图上,都找不到它。但在抗战时的一年中,这个极其偏僻的小山庄上,却演出了一幕极其悲壮的窑洞战。

那是四三年敌人占据蟠龙后不久的事。(《英雄沟》)

2. 这还是抗日战争中的故事,出在沭阳县安峰山旁边的一个小庄子上。(《王凤和织布回家》)

勹、人物、时间和地点　例如：

1. 快要进了腊月天气，松花江沿上刮起烟泡啦！大道上，一张爬犁坐着两个人。一个是从佳木斯来的沈洪，半路搭脚坐上爬犁的，穿着一件半新不旧的军用大衣，戴着黄兔皮的帽子，脸冻得发紫，眼睛老是瞅着前边。另一个是赶车的老板子金永生，四十开外的年纪，长挂脸，尖下颚，豆角眼睛，一路上不停的抽打着黑鬃的海骝马，赶着爬犁，不知不觉的过了大烟囱。天气冷，人着急，马也跑的欢，一展眼，前面就是一个村子。(《江山村十日》)

2. 南京解放没有多久，江边码头上的工人，在总工会的帮助下，热烘烘地在筹备组织工会。(《五号码头》)

丙　结尾

文章不一定要有开头，但也不一定要有结尾，倘使有的话，如能写得适合需要，那也足以帮助本文，加深读者的印象，增强文章的效用，但也不能勉强用上，不当用而用，也同开头一样，必将被视为多余，而成为真正的没有用的尾巴。

结尾是用来结束全文的，材料内容，似乎没有什么可谈。其实倒也不简单。因为作者对于自己文章的效用，有着种种不同的要求，因而就有种种不同的结尾。同时，还为了文章本身的不同的性质和需要,最后结束的文字,也不可能是千篇一律。这样,结尾的内容就不会简单,而也就值得一谈了。

结尾的文章,也同演讲会完毕时主席所致的闭会词一样,名义上当然是为了致谢演讲者,实际上是在总结演讲词,以加深听众的记忆和印象。所以,它的材料反而比介绍词更是难于组织,因为它必须熟悉并体味全部演讲词的内容,不能有一些歪曲,也不能有一些矛盾,而且要在短短的词句里提示重心,指出纲要,一有不当,不但反而要模糊听众的印象,也将对不起演讲的人。并且也要同开头一样,就是不关题目的话,也要说得恰当分际,不能离题太远,也不能敷衍塞责。

根据作者的要求和文章的需要,结尾常用的材料,可以归纳成为如下的五类:一、总结全文;二、照顾题目;三、扩展思想;四、联系将来;五、加深印象。

总结全文是把全文所曾写到的来一个收场结束,所以有的是把故事的进行结束停止,有的是把经历经验作出总结,有的是把全文叙到的人物来个交代。因此,总结全文的结尾,可以有如下的几种内容:勹、结束故事;夊、总结经验;宀、交代人物。

ㄅ、结束故事　例如：

1. 跑上山，双虎刚坐下休息，听得身后枪拴[1]"哗啦"一响，接着有人喊："不准动！"双虎吓了一跳，心想："这下毕啦！"可是回头一看，却是游击上的杜狗娃。双虎高兴的跳起来，把手里的鸡毛信举起，说："快收鸡毛信。"（《鸡毛信》）

2. 从这以后，黄赵两家就成了一家人，东西李庄"胡同为界"的"界碑"就连根拔掉了。从此全李庄的人们就像从前一样，大伙都是富富足足和和美美的，再也没有什么大不痛快的事情了。（《东西李庄的故事》）

ㄆ、总结经验　例如

1. 我也真是得了个教训，我想："无论执行什么政策，总要想到远大的方面，不能光看眼前，就拿做土改工作来说吧，要是不知道土改的目的是为了消灭封建剥削，为了发展生产，光想到让贫雇农们多得东西，越多越好，那就容易在掌握原则上动摇不定，就可能要侵犯中农，就会犯错误！同志，你说对不对？（《在石台村》）"

---

〔1〕　枪拴：今写作"枪栓"。

2. 她们到区里演，得了第一，于是又到县里演，总结时又是第一，全县里红了起来。县委宣传部长总结这个戏说："它不但在艺术形式和方法上有了新的成就，更重要的是它的政治价值。这个戏可以使我们全县纺织运动更好地开展起来，与敌人封锁作斗争！"（《王凤和织布回家》）

一、交代人物　例如：

1. 我来这一年多了，石头也回咱延安了，在杨家岭工作，还给我娶了个媳妇。小儿上学了，老头在生产队里搞生产。媳妇在医院当保姆，我跟她在这做点活——我一家老小，都在这个好地方过好日子。今天冬里，公家发给我棉裤棉袄，新被窝……你说我老婆子还能说啥呢！唉，我五十多的人了，过了一辈子苦日子，可没想到世界上还有咱这么个地方……（《魏妈妈》）

2. 关于马阴阳先生，后来，人们很少打听他，传说他仍在政府扣着，判了徒刑；至于"墨斗"姑，在这段过程中，是非常倒霉的，工作员初来的当儿，就让她在会上承认一次错误，以后，人们只顾担水浇苗，再不愿意听她下神了，她遭到这次丢人败兴，也没脸见人。最近，有人说她生活上相当困难，打算再嫁一次汉子呢。（《摔龙王》）

照顾
题目

照顾题目的结尾比较单纯,只是把本文的题目在结束时作总的交代,或把所提问题作出解决。这些结尾,可以有如下的三种内容:勹、回到题目;夊、表出题目;宀、解决问题。

勹、回到题目 例如:

1. 今天是六月初,干部队行军最后的一天了。他们通过了蒙古草地,他们还记得蒙古草地上到处都是开不败的花朵。(《开不败的花朵》)

2. 他觉得自己以前是过了一辈子糊涂日子,真是又悔又恨,为了想叫后辈人不再糊涂,他就把这相思树的故事当了宣传材料,逢人便说。

每逢讲到结束的地方,他就叹口气说:"唉!要是大雨跟三姑娘生在这世道里,可该多么好呵!"就起身从树上摘下几个果子来,分给那些听得出了神的男女青年们,说:"吃吧,这是相思果!如今你们都分了地,就好像庄稼有了根一样,什么都由你们自个作主了,你们要是看上了谁,就跟谁"对"上"象"吧,往后是你们的世界呀!⋯⋯"(《相思树》)

夊、表出题目 例如：

1. 阳历新年一刹时到了。周家营全村、邻近各村还有区县好些人，大家办了个这一村、一区、还许是一县从来没有过的热闹喜事；虽说天很冷，但人太多，屋子盛不开，婚礼只得在村南场上举行，人们挤得挺热火。武娃在结婚大会上，一脸严肃地说：

"今天是咱们新国家成立以后的第一个新"新年"，我能在这时候光荣结婚，我衷心感谢大家，感谢全国人民和共产党、毛主席！今天还有千百万人在前方流血，过去前后方更不知牺牲了多少同胞骨肉！我一定记住他们，跟毛主席走到底，战斗到底！"

花妮眼里闪着泪花，说："我要说的跟我武娃哥一样。可他住些时就走，我不走，我要好好生产，侍候我爷爷……往后，反正跟我武娃哥一道，革命到底！"

人们最后把六老汉拉出来。他满脸闪光的喜气，满脑袋白头发都戴满了红花，白胡子一飘一飘，望了望村南的大山，又望了望村北的沙河，说道："我说什么啰！我八十三啦！可真是成了精啦！我怎么也没想到：还能碰上过这个胜利万岁的头一个新……新年啊！"（《第一个新年》）

2. 师长皱着眉，沉默的望望四周。他在十六七年前，作为一个共青团员,在这一带打过游击,他的家就在前边不远的地方。他望着,然后他低下头看看手表,自语着:"胜利,——早晨六点钟,——是啊! 胜利是早晨六点钟。"他扬头命令营长:"我们不要停止,继续前进呀!"(《早晨六点钟》)

一、解决问题　例如:

1. 太阳从积雪的山缝里穿过来,在他们三个人的脸上涂上了一层金色的光辉。十吨重的军用卡车雄壮地响着马达,超越过卡札纳河的冰浪到边疆去,那声音彷佛是说:"卡札纳河呀! 你挡不住人民解放军!"(《卡札纳河上的桥》)

2. 六月二十九日,韩子佩俯首下了华山,胜利的红旗飘上西峰。它宣告:"华山解放了。"(《八勇士华山建奇功》)

扩展思想　扩展思想是或由作者直接,或借人物口中,就本文内容,表出作者的意愿、希望和推想。因此,这类的结尾,可以有如下的三种内容:ㄅ、表示意愿;ㄆ、表示希望;ㄇ、表示推想。

ㄅ、表示意愿 例如：

1. 战役结束后，大家给我评了个特等功，庆功会上，司令员亲自给我戴花，还请我吃饭。我走到那里那里欢迎，走到那里那里鼓掌，甭提多光荣啦！想起我从前当长工的时候，谁拿我当个人看哪？一句话：没有共产党，没有解放军，咱新中国也不会诞生，我也不会有今天，共产党就是我的母亲，解放军里就是我的家，大伙就是我的亲兄弟，我一定要跟着母亲，将革命进行到底，我一定要同着大伙，把国防守得坚坚固固，那个敢来侵犯，就坚决打它个头破血流，就坚决消灭它个干干净净！（《从长工变成功臣》）

2. 看到苏联妇女劳动的成绩，我觉得我对工作的贡献太少了，但是人民给我的荣誉却是那么多，这使我感到十分惭愧。这次从苏联回来后，我一定和我的伙伴们努力生产，吸收苏联老大哥的生产经验，在党的教育下，在群众的帮助下，为中国的农业建设贡献出我的一切。（《我参观了苏联的集体农庄》）

ㄆ、表示希望 例如：

1. 从改用阳历到现在，已经四十年了，对于夏历元旦还是如此重视，这表示我们民族的记忆力十分坚强。也许再过四十年、五十年，到二〇〇〇年，那时我们已经由新民主主义社会，经过社会主义社会，进入共产主义社会了……因为这旷古未有的盛世，目前刚才开始，越后越见光明，在毛主席和中国共产党的领导下，以将近五亿人民的努力，民族的记忆力既如此坚强，无论如何也不会再陷入过去数千年黑暗的老路上去的了。(《旷古盛世话春节》)

2. 上面所说，都是些只顾演而不顾效果的现象。这些现象不应再重复发生；希望在今年春节的文艺活动当中，多多地注意实际效果。使今年春节的文艺活动，能在原有的基础上发扬优点，以获致美好的效果，并把文艺活动的质量，提高一步。(《要注意实际效果》)

一、表示推想 例如：

1. 说句实在话，我很喜欢我母亲。可是一想到我母亲就想起送我鞋子那位老太太，也想起了这里的义希芝玛老太太，想起了很多我熟悉的老年人的面孔。我把她们都连在一起啦！我觉得她们有一个共同的特点。

我喜欢我的家乡，现在合上眼还可以想起哪里有一道小河，哪里有一棵大树，想起我们在哪一座破房子里开过雇贫农小组会，也想起我们在哪条河边歼灭了进攻解放区的蒋匪，我第一次在哪里负伤。可是，每逢想到这些的时候，我就把它们和这里的山水、草地，还有我们种的树木、开出的荒地，都连在一块啦！它们也就是不能分开的呀！（《母亲和家乡》）

2. 不知她现在怎样了，我能断定，她的生活和历史会在我们这一代生活里放光的。关于晋察冀，我们在那里生活了快要十年，那些在我们吃不下饭的时候，送来一碗烂酸菜，在我们病重行走不动的时候，替我背上了行囊，在战斗的深冬的夜晚，给我打开门，把热炕让给我们的那些大伯大娘们，我们都是忘记不了的。（《吴召儿》）

| 联系 |
| 将来 |

联系将来是作者根据本文所写故事或其他内容，依照社会或自然发展规律，指出它们将来的方向。它和扩展思想不同，扩展思想以思想为主体，它是专指事态的扩展。这种结尾，可以有如下的三种内容：ㄅ、自然发展；ㄆ、明示将来；ㄇ、暗示将来。

ㄅ、自然发展　例如：

1. "锻炼、学习，更进一步改造自己！"韩秀贞掌握着这一方针走进了新的环境。"为工人服务！"她牢记着这个口号，接受了新的任务！（《韩秀贞》）

2. 我却在心里说：哈哈，是的，但是我们应该为孩子们祝福，因为现在已经是新的时代了！他们再也不会走过去的道路，再也不会重复过去的命运了！（《为孩子们祝福》）

夂、明示将来　例如：

1. 东方已经射出白光，天就要亮了。战斗继续着。昨天的战斗已告结束，今天的战斗又将开始。（《新的开始》）

2. 当车子缓缓开动的时候，林队长和土改队的同志们在车窗里望着这一片曾经很久很久被践踏的土地，从来是肥沃的土地，现在从底里翻了一个身，多么的新鲜，多么的肥沃！看呵！麦子长得有尺把高了，黄豆秧已透出泥土，远远望去，好像一只一只绿色的蝴蝶停歇在地面上。被暖和的太阳照着的泥土，发出一种和肥料溶合的气息，一种被农民所热爱的泥土香。丰美的春花正在新鲜的肥沃的土地上生长。

他们彷佛看到幸福的种子，社会主义、共产主义的种子也开始在这新鲜的肥沃的土地上生长……（《土地》）

一、暗示将来　例如：

1. 他们坚持工作,坚持学习,坚持战斗。在路旁,在水边,在山顶,就像那些耸天的白杨。它们的根深深地扎在朝鲜的土地上,它们的雄伟的树干挺立在朝鲜的空间,它们的枝叶笔直耸入朝鲜的天空,没有任何力量可以使它低下头来,没有任何力量可以打断它。朝鲜的丰饶的大地生长了它,它就使用所有的力量撑住朝鲜的天。敌人可以放火燃烧朝鲜的杂花野草,可是耸天的白杨自始就是傲然地站立着,永远顽强地直耸入天,无畏地挺立在英雄的朝鲜大地上。(《耸天的白杨》)

2. 外面,像要下雪的云彩不知跑到哪里去了。半圆的月亮在清冷的天空游动,像浸在凉水里的一面镜子。镜子透过井台边大树的秃枝,照亮这缺墙里面的院子,又从窗洞里照亮这院子里的两间北屋。另一间北屋里,一个老太婆躺了半天,大概是因为今夜睡得太早了吧! 睡不着。她嘴唇皮一张一合地微动着,没说出什么话来,只是她忽然睁了睁眼,望望月亮光,望望隔开这两间北屋的那堵土墙,她有些气愤地想着:她该抱抱孙儿了。(《灾难的明天》)

　　实际上一切的结尾，都是为了要加深读者的印象；所以这里所指，乃是那些所有不能包括在前面四种结尾里的结尾，并且把它们并合在一起讲。

加深印象

因为它们比一般的结尾，确是特别着重在加深印象，更其是名副其实。这种结尾，也可以有三种内容：㈠、本文要点；㈡、人物印象；㈢、作者歌颂。

㈠、本文要点　例如：

1. 第二天早上，风过雨停。太阳笑迷迷[1]地斜视着平静的江面。数不清的过江电线，安静地架在电杆上。一到夜晚，两岸的电灯，重新恢复闪烁的亮光。只有那高耸的电杆脚下的一大堆乱石，和附近泥泞的土地上印着无数零乱的脚印，使人们一看就知道昨夜在这里分明发生过不平凡的事情。（《过江电线》）

2. 战斗结束以后，马成荣、陈启祥各记了两大功。这时那两个嘴尖说"来历不明"的早就钳起嘴巴不作声了。因为指导员在全体军人大会上号召大家学习马成荣和陈启祥的时候，不但把陈启祥讲得来历分明，还指出老战士新战士亲密团结就能胜利，谈到这里，指导员引用了马成荣那句话说："同志们……我们都是劳苦人，……我们的

---

[1] 笑迷迷：今写作"笑眯眯"。

团结是血换来的……"(《血缘》)

夊、人物印象 例如:

1. 我永远忘不了在莫斯科参观天文馆的人造天空,观看着满天星斗,而天亮了,太阳渐渐地升上来,庄严的乐声响起,是铜号洪壮的声音,《国际歌》也段片地在黑暗的海上升,越来越响亮,满天云彩,于是天大亮了,象征着普天下永久的快乐。

只有在社会主义、共产主义的国家,人们才可以发挥最大的才能和智慧,为人类创造更多的幸福。(《游苏联印象》)

2. 王妈妈走后,留给桂姐儿的印象是:那么大年纪了,气势倒那么壮,而且那么果断、坚决,说走就走。这是从来没有的。她觉得在这世界上有这样一个母亲,是很可自豪的!另外又觉得:彷佛在大石湾,她还有一个子孙满堂的大家庭,她是许多人的母亲,许多孩子的姥娘,已经不是属于香香一个人的了。(《王妈妈》)

一、作者歌颂 例如:

1. 好,欢乐吧,折聚英!歌唱吧,折聚英!更努力吧,折聚英! 更进步吧, 折聚英! 你, 过去的难民; 你, 过去的童养媳; 你, 过去的文盲; 你, 过去只值两斗粗谷子的女人呵! 你, 现在是学习的模范; 你, 现在是劳动的英雄; 你, 现在是抗日的战士; 你, 现在是妇女的先锋; 不错, 你又是边区的参议员, 你是全边区百万妇女的代表之一呵! 好极了, 折聚英! 当你昂着头, 走进边区参议会的大会场, 你, 和各民族的人, 你, 和各阶级的人, 你, 和各党派的人, 你, 和国际的友人, 一同, 一同, 商量着抗战和建设的大事, 你, 的确使外来人惊异呵! 然而, 你, 一个熟悉边区的人, 你却并不希奇, 你笑着, 你想, 在咱们边区里, 有很多的英雄, 有无数的英雄, 有无数的男英雄, 也有无数的女英雄! (《一个女人翻身的故事》)

2. 这一切都是解放后的新光景, 像红日曈曈而上。沈阳千万人民在这光辉的时刻里喊出同样的一句话: 光明的日子开始了! 这是真实的话, 这一个远从一千二百余年前的渤海国时即已创始、而又经过多少历史沧桑的沈阳, 现已步入从来未有过的兴奋快乐, 开始了光荣的日月。(《光明照耀着沈阳》)

三　文章的表现

　　文章的表现,固然必须要有熟练的技巧,但是最重要的还是不能没有丰富的生活经验,和正确的立场观点。否则技巧尽管熟练,而材料贫乏,意识荒谬,也写不出活泼、生动的好作品来。原因在于生活经验丰富,文章才能获得充实的内容,有了充实的内容,才能表现得具体、逼真;立场观点正确了,作者才能正确地和深切地认识事物,分析事物,把事物写得深刻、现实。

　　文章必须写得具体、逼真,写得深刻、现实,才能成为好的文章;因此,即使是表现一个抽象的思想,也必须多引具体事例作譬喻,或者索性就直接借具体事件来替代。譬如要说出增产节约的好处,与其用种种的情况或数字来说明,不如写一个工农弟兄的增产节约故事,容易使读者领受,而从中获得经验和教训。就是普通的议论文章,与其判断地辩论是非,也不如写出一个以这个议论为中心思想的具体事例,容易感动读者,而获致更高的效果。因此,文章要怎样地表现,才能达到这一个目的,就是本节所要讲述的主题。

　　人物、环境、各式各样的活动……都是文章的主要内容。作者在表现它们的时候,都要根据生活经验,逐项逐类,如实逼真地描绘出来,虽然不能是公式化的,但是必须是普遍性的。典型人物、典型事例之所以被重视,其原因全在于此。因此,一个作者,对于事物的表现,应该遵守下列几个事项:一、人物要典型;二、心理要逼真;三、故事要新颖;四、环境要相配。

　　后面就是依据上述四种事项表现种种事物的方法的分别说明及其例子。

　　人物要典型　　我们的写作,不是在为古代人民服务,而是在为现代人民服务,所以文章的主要内容,当然应该是写现实的人物和现实的事例。但是一篇好的作品里的人物,他不但是要现实的,而且还要是典型的,因为只有典型的人物,才能代表现实,表出现实,使读者感到真实、亲切,而引起深切的共鸣。因此,我们所要表现的人物,他们的作风、品德、感情……必都是产生在新的时代新的社会里,而又是具有典型性的。后面就把文章里的人物表现分为:宀、新的作风;夂、新的品德;宀、新的感情三类,并举例证明。此外,当然还可以有其他的,但这里只举这些比较常见的。

勹、新的作风

(一)工人　例如:

一个果子阴阳两面,胡兆善和靳玉成各有各的不同。

胡兆善喜欢到车间里去,对事务工作感到头痛。他到了车间,如同鱼得了水。车间出了事故,总是他先跑去,一连声地喊:"同志们,还等什么,挽起袖子干吧!"他卷起袖子,两脚打湿了,满身都是料子,料子沾在衣服上,一个个白点像满天星一样。如果机器在正常运转,他从心里笑着。他看机器,就像牧人看马一样,每一部分都看到了,都品到了。从头到尾,长处他也知道,短处他也知道。如果机器出了怪声,或者不正常的震颤起来,就如同他自己患了寒热病一样。

靳玉成也常常到车间里去;但他是为了事务工作才去的。他知道哪一班哪个工人一定站在哪里,他低着头,绕过机器,找到了那个人,就谈他需要解决的问题。他更注意的是,原物料的浪费。他要把撒在地上的纸料子拣起来,他要把拧大了的水管子开小一点。当工人吃饭的时候,他会在机器旁边站上一会,这是为了帮助工人看一会机器。他的眼睛,永远是左看一眼,右看一眼。他看机器的时候,也是这样。(《我们的节日》)

（二）农民　例如：

这老汉火烫烫的劲头，福山真不忍拦挡，可是他看着
又过意不去。老汉真正是个受苦到头的自己人呢！一辈
子没娶过老婆，七八十年没穿过新衣服。到了这年岁，虽
说翻了身，有了地，有互助组帮他种，有了新衣裳，有妇女
们帮他缝；但是，他还不肯清闲，每天总要拾点粪优待军
属，村里生产会议也总要参加，一讨论到农事上的时令节
气和风雨阴晴，他还要争着把他满肚子经验掏出来，发言
老大一阵。嗨，其实他正该多多歇着，吃点喝点，转游转
游，多活些年嘛！就是村里给白白供养着，侍候他活个一
百岁二百岁，不也很好么？（《正月新春》）

（三）战士　例如：

夜悄悄的来了，野地里发出青草的芳香。

我们的女侦察员，正带着从敌人那里得来的卡宾枪，
浑身充满力量出发了！她有时像小兔那样轻快的飞过，有
时又像长蛇那样缓慢的爬行；有时变成媳妇或姑娘，有时
又是坚强不屈的勇士。千万层铁丝网阻拦着她，她穿过去
了；层层地雷阻拦了她，她跨过去了；严冬的积雪陷住她了，

她跳起来滚过去了；断崖绝壁挡住她了，她轻巧的爬过去了！她是那样矫健，那样聪敏。她用坚毅与智慧编织成一颗不屈的心，因此她百战百胜。她出发了，夜的战斗，将从她这儿开始。(《一个愿望》)

(四)医生 例如：

　　住在中苏医院外科的中国病人，大部分都是由别的医院转来的很少生望的患者，因之，高索夫大夫经常都在和顽强的伤病作着不屈的搏斗。从早到晚，几乎没有休息的时间。他不眠不休的工作的结果，身体衰弱了。有一次，一天动了六个大手术后，他昏厥过去。但当醒来之后，叫护士给他注射了一针强心剂，又继续工作起来，院长下命令他都不肯休息。眼睛熬红了，每天他也要到半夜才回去睡觉，而急诊病人一到，便又立即起床了。

　　有一次，从市立医院转来一个中国农民，因翻车膀胱大肠全压坏了，弄得屎尿满身，恶臭难闻，到院时已经是气息奄奄，只待一死了。高索夫大夫看了这情形，立即施行了急救，为了怕护士洗坏了患者的伤口，他亲自动手把屎尿洗净，既不嫌臭，也不怕脏。一连三小时，他没有时间停下吸一口烟。复杂的手术行过后，他一直担忧了一个礼拜，每天三次四次去探视，结果那农民竟被救活。高

索夫大夫并向院方为他请求了免费待遇。后来那农民千恩万谢地出了医院,送了他个"救命恩人"的称号。(《为了幸福的明天》)

(五)妇女 例如:

一天的工夫,十八个妇女就出师了。晚上,韩秀贞去找庄长贾能桂,配合他召开村民大会动员锄苗。在会议上,开始有些自私自利的男人,不愿和别人合伙。韩秀贞说:"实在不愿意参加的不勉强,男人不干咱女人干。"这天晚上报告参加锄地的妇女就有四十八个人。韩秀贞动员着几个男的,分别编到妇女组里当老师,负责领导、帮助的责任,她自己也带领一组。这样四十八个妇女共编了八组,每组里有一两个男人领头,就开始了全庄锄苗的重大任务。三百亩苗子五天的工夫就全锄了一遍。

妇女们越干越起劲,锄完一遍又一遍。有的地里锄得简直不见一棵青草,锄完苗子又上粪、拿棉花虫子、打棉花杈子。外庄人一走到卞家园的坡里,只见一群群的妇女包着白包头布,在地里劳动,有的不住的称赞她们,有的则调皮的给卞家园起名为"女儿国"。这"女儿国"的男女老少,都在望着自己满坡的青苗、秀了红缨的玉米、开了一片白花的棉,指望着丰足的秋收!(《韩秀贞》)

攵、新的品德

（一）人工　例如：

范应根走在最前头,在他漆黑的眼前,不时闪出红亮的马丁炉的影子。他爱它,多少个夜晚,他伴它在一起。他放了不知多少炉钢水,这些钢水浇成钢品,有些桥梁、屋架、器械,就是用它们做成的。这两个月,他为它花了不少心力,要它好好出钢;现在它却要垮了,这怎么可能?一共才出了六十几炉,解放前,这个数目也许要炼半年,现在解放了,一个炉子炼了六十几炉就毁了,而且毁得这样没有理由,这是不可能的,完全不可能的!

他勇猛地向前走,手在水里摸。雨泼在他身上,风刮着他;有几次,他被刮倒了,掉在水里,咕噜咕噜喝了几口泥水。但他立刻站起,甩掉头发上的雨水,独自笑一声:"妈的,你吓不倒我!"随又勇猛前进。

他摸到了一个火泥桶,他想,抢救一炉钢水,是需要更多的火泥桶的。于是,他高举着火泥桶,继续踏水前进。他哪里想到,这个火泥桶,竟会如此突然地结束了他可爱的生命呢?

周围这样黑,场边的电线,好多被刮断,有一条悬在半空,被风吹过来吹过去。范应根没注意,走了过去,他高举的火泥铁桶,正巧碰上那条通电的电线上。范应根好像突然被一个沉重的东西,横着身子打了一下,他叫了一声,身子被电流弹出一丈多远,倒在水里,那只火泥桶也摔得很远。

范应根这一下短促可怕的叫声,在暗夜里很久很久地响着。大家一齐向发出声音的地方跑,连炉子上姜万固他们,也冲了下来。

周贵生首先冲到出事的地方,把范应根抱起。范应根全身焦黑,好像烧过的灯芯,胸口还微微地抽动。

刘清汉派了小黄去叫医生,一面把范应根抬上平炉。范应根已经不动了,从炉子里透出的火光,照在他清瘦的脸上。范应根眼睛闭着,好像睡了觉,嘴角上有一丝丝笑意,一种安静舒坦的光辉,罩在他脸上。大家忽然感到,这张脸竟这样美丽、安静、动人。

医生来到,按按范应根的脉搏,翻开他的眼皮看了一下,不作一声,慢慢地站了起来。

没有说话。大家明白,范应根同志,已经为了人民中国的建设事业,作了壮烈的牺牲。(《不疲倦的斗争》)

(二)农民 例如:

我在范老五家养了半个月病,旧病没好,忽然又发疟子了！正在那时，敌人进了元湾沟，狡猾深入地搜索到小山沟沟里来！半夜，情况紧急，范老五从炕上翻身爬起，叫他大保背了他家的和我的行李，他背上我就上了山。我发急了！我嚷着："你老婆怎么办啊?"范老五只顾跑，半天才说："你别管！我丢不了她!"他直把我背到半山腰，我怎么也不叫他背了，他才歇下来歇歇，叫我别动，回转去背了疯子。

　　我还能对范老五气愤么？当敌人就在山下东白红村一带扰乱的时候，范老五没一刻离开我，他叫他大保放哨应差，找吃的烧的，他自己按时烧开水，让我吃"奎宁"，还按时给我煮挂面鸡蛋吃；每回我叫他一家子都同我一道吃，他可怎么也不，这使我很难受，好几回肚子饿了也吃不下甚么东西。有一天黑夜，天下着濛濛细雨，忽然听见离我们不远一个山洞里住的另一个病号同志，不知是甚么病发作了，哼叫得很厉害；范老五马上翻身爬起，冒雨跑出去了，我问他去干什么，他说：

　　"没听见那个同志哼叫？我看看去！狗日的，许是侍候不周全哩!"

　　他走了，我在厚厚的草铺上翻了个身，不觉流出泪来。而我，后来安全度过了那回反"扫荡"，很结实地回到了工作岗位，难道不是范老五救出来的么？那回我离开范老五以后，我们机关离开了平山，我竟是很久很久也没

去看过他,并且慢慢地差不多把他忘了!直到很久以后,我才又想起他来。(《腊梅花》)

(三)战士 例如:

现在,是一九四六年二月,冷得透骨,雪落了两天两夜。这一回可不简单,上级动员号召说:"沙山子这一战是决定关键上的一战。"战士们嗷嗷叫,情绪像火一样旺盛。雪地里是那样苍白寂静,战士们在深雪中滚着爬着,敌人排炮疯狂发射,密密的打在王海清周围一百米远以内,——看!来了!……来了!敌人在雪上爬呢!——近了,近了,虎[1]的一下站起来了,一色的冲锋式哗哗响成一片了。我们哗的站起来,吭,吭,吭,楔了一排子手榴弹,黑烟四起,血肉横飞,把敌人的进攻打下去了。一扭转形势,我们立刻发动向山头冲锋,一连冲了三次,于金生愤怒了,可是在半山坡他给炮弹炸翻了。王海清立刻奔上去,他忘记掩蔽自己,把于金生拉回来。血,从于金生胸口,像泉水一样喷出来,染红了洁白雪地,他睁开眼说:"我革命成功了,——你们拿下敌人阵地呀!……"他牺牲了。王海清头嗡嗡响,心跳着,他猛扭身大喊一声:

─────────

〔1〕 虎:今应写作"忽"。

"有种的跟我来呀!"集结在他身边的两个排,一声不响跟他上去。战士一个,两个,三个沉重的、一声不哼的倒在半路上,王海清果敢的一冲上去,就跳进敌人工事,占领山头,——在最后几秒钟,一梭子弹朝他身上打来,他来不及作任何动作就沉重的跌落下去,他失去了知觉。……(《百战百胜》)

(四)妇女 例如:

　　黄秀英密藏在兰玉乡的时候,不料又被叛徒赖英发现,终于被捕。反动派捉到黄秀英,好比得到甚么宝贝一般,捆捆绑绑押到瑞金城。
　　反动派的伪法官是个大胡子,那一副凶相,活像丧门神,那天将黄秀英押到刑堂,他就用短枪瞄准着问道:"土匪婆! 三个国军是不是你谋杀的? 谁指使你干的? 快说出来!"黄秀英冷冷地说:"常言道:男人当家,女人扎花。我们妇人家那知道这些事!"大胡子把枪往桌上一摔,两只眼睛挤成一条线,喝道:"你不讲,好,真是个死党! 那就请你尝尝五道刑法的滋味。"话还没完,黄秀贞早被几个如狼如虎的刑警架起,捆在长板凳上。她还昂起头大叫:"反动派,你别作梦! 不要说五道,十道刑法又把我怎么样!"大胡子趁势用蹬着钉靴的双脚,朝她肚子上一阵乱踩,问道:"你到底招不招?"黄秀英闭着眼睛,还高声喊叫:"要杀要剐,性命一条,我不知道就是不知道!"那伪法官一声:"上刑!"一桶辣椒水就把她灌得七孔淌血,昏死过去。

敌人是极顶残酷的。他们用十根花针钉在黄秀英十个指尖上。用两根花针钉在她乳房里。他们用刀子在她的两臂划道沟,把浸过洋油的鸡毛猪毛插在沟里用火燃……这一道道的刑法并没有使黄秀英屈服,她只是想:铲除反动派,为民除害,这是正义的行动;要死死我一个人,决不能连累党,连累群众。所以,她还是那么坚决地回答敌人道:"不知道!"(《女英雄黄秀英》)

(五)儿童 例如:

在江东郡三登面,曾经发生过这样的事情:美李匪军那时正在搜索一个劳动党的"面"人民委员长,但到处搜索不到。后来他们认为一个七岁的小女孩是一个线索,起先用糖果去哄她,要她说出口供来,但她不说。后来又用棍棒打她,用火去烧她,但她还是不说。最后,这个小姑娘实在再也不能忍下去了,就对他们说:

"好吧! 我说,我说! ……我带你们去找他!"

美李匪军都非常高兴,立即跟着她去。但是那小姑娘并没有把美李匪徒带到那个委员长藏身的山洞里去,她走呀,走呀,走到一个山岩边,乘敌人不备,高喊着:"金日成将军万岁!"纵身一跳,自杀了。(《朝鲜的孩子们》)

一、新的感情
(一)工人　例如:

　　老孙头伤心而且疲劳,老泪不断地往下流。他觉得心里隐隐作痛,寻思道:"灾难,迟早是灾难,免了国民党的破坏,免不了这场火灾。这是谁的错? 我的错? ——我的错怪我没好好对上头说明白下面的情形——说了就烧不了机器吗? 不,只怪我没有好好求福田烤烤固定子。……"他被焦急、后悔煎灼着。吴祥泰这时觉得脚板和手掌烧得厉害,便把双脚泡在一桶冷水里。老孙头急忙走过去禁止他;替他抹干了又红又起泡的脚板,涂上了油。他自己挺着十分疲劳的身体,一个一个地去检看着擦伤的、烫伤的工友,并且都给他们涂上了机油。看起来就数他一个人有劲;实际他比任何人更累,更心焦。当他瞅一瞅那几个垂头丧气的轻率地对待工作,因而受到了严重损失的杨家兄弟,气的直哆嗦。

　　朱自珍俯在油压泵泵的粗管上,忍不住号啕起来。听见有人哭出声来,全体工友也就再也不愿把心中的悲伤和痛惜掩盖,有大声哭的,有悄声流泪的,有紧握住旁边同伴的臂膀来镇静自己的。即使一向保持着文雅风格的吕工程师,这时也狼狈不堪,脸上给油和烟涂抹上一块一块的黑色,袖子扯碎了。工友们的痛哭震荡着他的心:他头一次感到工人们的真诚挚意和工人对劳动的珍惜,与对机器的爱护。他也流下泪来了,他一面惋惜自己三个月来心血的白费,一方面也是对工人引起了共鸣。(《原动力》)

(二)农民 例如:

英华也靠在一边,但他没有睡,他睁大着眼睛,望着天空,忽然小星跑到他的身边小声说:

"英华哥,你家俺嫂子想和你说句话,就在那池子边上。"

英华走过去,女人说:

"你也不家去看看!"

英华看见自己的女人,又黄又瘦,心里一酸,忍着眼泪说:

"你看我能离开吗?"

女人的泪忍不住,刷刷流下来,呜咽着说:

"爹和小俊就是在这池子里死的呀!"

英华说：

"我知道。"

女人说：

"你知道。他们死的时候不能见你一面，你可是有说有笑的。"

英华没说话，过了一会，女人又说：

"我知道你给他们报了仇。"

英华说：

"我有任务在身上，那能离开队伍到家里？全是女人的见识！"

女人说：

"我看你像忘了他们一样。"说罢就痛哭起来。

英华说：

"我心里难过，我把眼泪往肚子里吞，我好好执行上级的命令，去消灭鬼子！我为什么到人们面前去啼哭呢？"

正说着，侦察员回来报告情况，英华对女人说：

"家去吧！不要净啼哭，啼哭有什么用？自己的身子要紧。我不能多照顾你们，我已经托付了老新叔和新月，有什么困难就和他们说。"

女人赶紧抹着眼泪转身走了。(《杀楼》)

（三）战士　例如：

　　班里人都知道高青云家里有个母亲，多年守寡把孩子拉大。这回参军，他母亲坐着村里人抬的四人小轿，亲自送他走的。在他心里，没有比母亲再亲的了。从小到大，欢喜时他叫妈，痛苦时喊妈，谁骂了他妈，他能跟人砸破头，谁要想打他妈妈，他又踢又咬，就要拿身子挡住他妈。但到朝鲜后，他发现另一个名词，像母亲一样近，一样亲——这是祖国。同志们吃饭睡觉，打仗练兵，张口闭口，最爱谈论的就是祖国。炮火一停，同志们蹲在山头上，捏出撮黄烟，会拖着长音说：“唉，抽口祖国的烟吧。”落雨了，同志们坐在单人掩体里，又会望着天说：“唉，也不知祖国今年雨水足不足？”高青云听着人谈，自己也谈。每逢一谈，他就想起母亲；想起母亲，他就渴望着谈谈祖国。日久天长，祖国跟母亲溶到一起，分不清界限了。他觉得母亲就是祖国，祖国就是母亲。凡是从祖国来的慰劳品，都像从家里来的一样，他珍藏着，舍不得用，一包烟也揣在怀里不肯动。

　　同志们笑他说：“你们瞧小高，年轻轻的，怎么那样保守？连包烟都是好东西。”

　　高青云笑一笑说：“这包烟，我要留着打仗的时候再抽。我要抽一口烟，打一个敌人，抽一口烟，打一个敌

人。"说这话时,他的鲜红丰满的脸膛闪着光彩,他的一对挺秀气的眼睛特别明亮,再不见平常那种腼腆劲了。(《三千里江山》)

(四)妇女　例如:

薛陆氏一跑出门,见满天的雪花,盖住天地,遮住人的眼睛,挡住新河集圩里的黄狗,她放开胆子,直着腰,顺着麦田一条直线,一口气奔到她埋人的大坟上,一看雪坑里的同志,头变成白白的,她心往下一忒,朝下一爬,两手抱住刘根生的头,滴滴的眼泪,落在刘根生的雪脸上,没牙的嘴,咬住刘根生的嘴唇:"同志! 你……你怎么啦?!"

刘根生昏昏睁开眼睛,定神看了半天,突然从雪坑里伸出一双冰块的手来,抱住她的脖子,张开冻硬的嘴:"妈妈! 你记住,我是黄海大队,二连突击班长刘根生。以后有新四军到新河集,你就说我在大坟上很好,没有在敌人面前做孬种! 妈妈,你记住吧!"

她的眼泪,流得更多,滴得更凶,把刘根生的头抱得更紧:"同——志,你——你心不发凉哈? 你……"

刘根生把手在四面指指:"妈妈,你看! 四面庄上的火光,都是敌人放的,如圩墙一样,有什么办法? 你的心我都晓得,你回去吧!"

"同——同志，我要……"她低低的哭着，已说不出话来。

刘根生搂搂她的头："妈妈，我是人民的军队，今天我是更看到人民的心了，你放下我吧！雪下大了。"

她还是紧紧的抱住："同志！同志……"刘根生埋下头去，再也不开口。(《活人塘》)

(五)儿童　例如：

我记起了在牢狱里被杀害的同志，想起了凤生嫂被烙死的情景，看到了这些死塌塌的俘虏，可火啦。我骑在马上唿哩哗啦地扳动着手枪枪栓，对着几个俘虏喊："站住！"那些家伙吓的跪倒啦。我更威风地喊："立正！"那些家伙愣住了。我又用手枪一挥，叫着："向右看——齐！"

"细妹，你是干啥啦？"萧山同志和一大群赤卫队走过来了。

"枪崩他们！"我说。

"是啦，是啦，快枪崩那些强盗，我的男人就是他们杀了啊！"旁边一个女人这样哭诉着。

"这些强盗，千刀万剐都算便宜他们。同志！我的房屋都烧尽了啊！"又一个老头对萧山同志这样的说着。

接着,许多老乡都唧唧喳喳地嚷起来了。

那俘虏的膝踝子可抖的厉害哩。我向他们喊了一句:"你们是哪地方的人?"他们有的说是河南、山西。有的说是湖南、广东。我又问:"你们是种田做工的么?"他们都点头说是。我又问:"你们为什么要替蒋介石、何应钦卖命呢?你们替他来送死,有什么好处?"他们哭哭啼啼地说是抽壮丁来的。我又问:"那么,你们为什么要杀我们穷人,烧我们的房子呢?"那些家伙说这都是当官的干的。一个高个子家伙走了过来,说:"小同志,我们现在想通了,我们害了自己人,你们不要花费子弹,用马刀杀好么?"

我感动了,流了眼泪啦。我跳下马去说:"我不会枪崩你们的,我们穷人都是一家人啦,我们为什么要枪毙你们哩?我们是要消灭那些土豪劣绅,是要枪崩蒋介石、何应钦,他们是我们工人农民的死敌。"(《小红星》)

心理要逼真

所谓心理要逼真,有两种意义:一是要配合人物,就是某种人物只能有某种心理,不可能有别一种心理;一是要配合情况,就是在某种情况下只能产生某种心理,不可能产生别种心理。此外,我要表现某种心理,就应该表现某种心理,不能表现成为别的。前面两种,乃是内容问题,后一种才是技术问题。现在就依各种心理活动的状况,分别举例以代说明。

勹、忆念 例如:

1. 这是我从朝鲜前线回来的头一夜,我住在安东一间温暖的楼房里,窗外刮着北风,雪花沙沙敲着玻璃窗。我拉开窗帘,望着鸭绿江南。南岸漆黑一片,包围在暴风雨里。于是我深切地想起那些战斗在朝鲜土地上的人们。就在这同一夜,他们正在坑道里,冰河里,山头上,废墟上,冒着严寒风雪,担负着保卫和平的神圣事业。我曾经和他们一起生活,一起战斗,经历着共同的痛苦和欢乐。我看见一些人成长为英雄,也看见一些好同志在我面前英勇地倒下去了。今天,我站在祖国的边疆上,呼吸着我们祖国繁荣幸福的气息,我更感到他们的伟大,他们的可敬。亲爱的好同志啊,我怀念你们,我怎能不怀念你们呢?(《我的感受》)

2. 六老汉慢慢不大安心了。花妮待他倒还像过去那样亲、那样体贴,他自然还很高兴,可他怕跟花妮谈武娃的事。正好,以后花妮也不大说起武娃。是她知道老汉的心思?还是她见武娃没讯,自己难受?或是因为她年岁大了,有些害羞?她已是十七八岁,个子和身材完全长成了大人,好像也有点爱打扮,脸洗得挺干净,头发使水梳得挺光;脖子里过去还有一层黑泥,现在可天天洗得发红;脚板再不光着,没袜子,鞋总得有;衣服再破,也要缝补好、洗好、叠匀实才穿……她的嗓音也有些变,见了男人,偶尔也会脸红。干营生比过去更强,而且也老成、踏实、有经验,忙了地里忙家里,也忘不了六老汉的事,凭能耐,至少也能顶一个男人。周家营村不论男女老少,慢慢都很注意她,六老汉看着她出落得样样全,更是真心欢喜;不过,见她变得不怎么说话,又见她不再提起武娃,他也有点担心。他更焦急地等着武娃回来或来信。(《第一个新年》)

夕、恋惜 例如:

1. 这是个十月的夜晚,月色很新,满天飞着霜。遍地草都黄了,西风一吹,萧萧索索的,好凄凉啊! 安奎元领着队伍退到清川江北,踏着满地黄草往北走。他的心也是苦的。他明白战争的胜利不在一城一地的得失,但是闭着眼一想,有多少土地落到他的脚后,有多少生长在那片土地上的人民落到敌人手里,死活不知,他的胸口就透不出气,闷的要死。敌人的炮火隐隐约约逼在背后,往北一望,不远就是鸭绿江。退路绝了,再退往哪退呢! (《三千里江山》)

2. 现在,我们正守卫在三八线上。那浩荡的临津江水在我们身边流过,遍山遍野是一片深绿。阵地附近,庄稼也长得非常茁壮。老百姓的房子虽然被炸光了,他们却在山洞子里建设了自己的生活。无数的朝鲜阿妈妮和天真的小孩,正像汉江南岸的人民一样,对我们非常亲热。这是多么美丽的战地的秋天呵!这已经不是一年前在汉江南的情况了;那时汉江南岸是一片烟的天、火的海。因此,我们看到了自己的力量,因而也更增加了对江南人民的怀念。那美好的江南现在是什么情形呢?现在,我望着荒凉的敌人阵地,听着那为了壮胆而发射的枪声,我又听到了一个熟悉的呼唤声;不论是在国内、在朝鲜,当我每离开一个地方,总是时常听到这样的声音:"同志!你们是要回来的呵!"是的,这是人民的叮咛,人民的希望!汉江南岸的人民,是的,我要回到你们那里去,不会让你们等很久的!(《怀念着汉江南岸》)

一、爱情 例如:

1. 灯光红映映的照着,小梅抬起头来,脸上显得很光彩,眼睛跟两洼水儿似的望着大水说:"你累不?坐下歇歇吧!"大水坐在小梅旁边的一个凳子上,笑嘻嘻的,不转眼儿看着小梅。小梅抿着嘴儿笑,羞红的脸上显出两个酒窝儿。她不好意思的问:"你看什么?还没有见过我呀?"大水说:"我想着你从前到姐姐家来,还梳着个辫子呢,看见个生人,连头也不敢抬。后来受训的时候,发不上言就哭,咱们俩在班上,可真是一对傻蛋儿,我一想起来就好笑!"小梅说:"咱两个实葫芦,真是一根藤儿!……你还记得你扶烟袋杆儿不?"两个人对看着笑了起来。(《新儿女英雄传》)

2. 起先两个人完全是出于互相可怜,互相同情,互相帮助的,后来日子长了就不同了。譬如说:逢到刮风下雨天的时候,李文有在地里还没回来,金子心里总是担心着他别淋了雨受了凉;金子如果被地主老婆喊去做什么事,李文有总是提心吊胆,害怕她又挨打。总的来说:李文有一天不见金子面,心里就想的慌;金子一天不见李文有面,就好像丢了什么东西似的,心里老觉着空空的。其实两个人到一堆也没有多少话讲,也不敢多讲(怕人看见),但是只要能互相看一眼,两个人心里总觉暖和。(《孙颜秀》)

二、憎恨 例如:

1. 村里一大群人,锣鼓喧天把他们这一小群人送到三里以外。临别的时候,各人对自己的亲属朋友都有送的话。王安福向他的子侄们说:"务必把那些坏蛋们打回去，不要叫人家来了剐了我这个干老汉!"二妞向小胖孩说:"胖孩! 老子英雄儿好汉! 不要丢了你爹的人! 见了那些坏东西们多扔几颗手榴弹!"巧巧向白狗说:"要是见了小喜，一定替我多戳他几刺刀!"白狗说:"那忘不了! 我腿上还有疤啦!"(《李家庄的变迁》)

2. 这位讨吃的宋老小，好比一尊泥像，坐在破羊皮褥子上，两眼干红，烧的慌;脸上枯黄，焦的慌;心里满满装的是火，又气又难过。他那讨吃碗，也正像一面圆圆的镜子，在他前面照着，一会照出白吃鬼，再过一会又照出邓大来，再过一会又把自己照出来。当他自己的影子照进了讨吃碗，他身旁似乎放着一个棺材，棺材盖上似乎放着一条绳子，意思是叫他:"请死吧。"等他再看一眼，棺材和绳子都不见了，倒是白吃鬼和邓大肩并肩站着，白吃鬼冷笑着，手上捧着一本书，邓大手上则提着一把血淋淋的刀。这时，宋老小不由的拍着碗，大骂道:

"邓大你这狗充人相、喂虎杀羊的东西，你吃了我吧。你吃了我，我死了也要搬你的底细:你是什么人? 你杀羊出身，你提过尿壶，你念过小经(骗人刁人的意思)，你吃过好汉份，你勾过土匪，日本强盗来了你也巴结过，发的卖国财，盖起三间新房子，霸占人家的老婆，你不是人，你是吃血的鬼。共产党来了，这才几天功夫，你，你又成了红人!"

宋老小骂了几句,随即跳下炕来,脱光身上的衣裳,劈劈啪啪地把身上衣服扯成碎片,拧成一条索。他说:

"这条索就是我要走的道,我自己死比死在狗手里好!"(《拍碗图》)

万、喜悦 例如:

1. 他这一回倒真是不赖:一家伙就挣了三四万冀南票。回家这天,一路上合计着几个月来自己赶脚、小子卖炭、打坯、给人拾掇房挣的,凑起来怕怎么也够还账了的吧! 再说女人们又还织了三四个布……这一下,他可真是乐的胡子也笑开了花。他快快地走回了家,家里没一个人,他就自个儿安顿好了牲口,屋里院里转了一遍,只见屋里炕上、地下、铺盖、摆设都拾掇得纹丝不乱,院里也打扫得干干净净,锅台擦得一溜明光,心里头简直是说不出地舒坦痛快。于是他摸着胡子,又盘算起了还账的事。(《亲家》)

2. 第二天傍明,第一个醒来的是急蹦子。他一开门听见牛在倒嚼,"哇"地叫了一声,把娘拖起来,自己跑进牛圈,两手抓住爬地虎大黄犍子的两个犄角,对牛作了个鬼脸。娘在屋门口吆喝他道:"别闹啦! 悄悄地让人家好好睡吧! 来,咱俩先把犁拾掇拾掇。"急蹦子蹑手蹑脚跳出

牛圈,扛犁去了。(《买牛记》)

夕、痛苦 例如:

1. 唐立德的"考虑",使得周贵生气愤。可是,另一个念头,却比什么都厉害地使周贵生感到难过。这念头就是钟明和刘清汉,是不是还信任他的工作? 万一他的试验真的失败,他们会不会原谅他? 这个念头,可怕地压到周贵生身上。他忽然觉得脚下的土地松动了,崩塌了,他失去依靠,一直向下沉。他感到这样的痛苦,甚至脸都变了样子;两条又粗又浓的眉毛,纠结在一起,好像铁锁链。牙帮子咬得像两座小山,高高鼓起。如果不是想到了大家对他的帮助和鼓励,特别是刘清汉昨晚给他说的话,他也许就没有勇气坚持下去。(《不疲倦的斗争》)

2. 大水在小屋里醒过来,摸摸身上,这儿也是血,那儿也是血。披着的血衣裳已经沾住了,脱也脱不下。浑身痛得像乱刀子割,比上刑的时候还受不了啊! 坐也不能坐,躺也不能躺,侧着身子,脑袋靠着墙根,一肚子委屈,哭开了。

他心里想:"唉,我牛大水怎么落到这个地步啦! 要不是出来工作,得罪下人,还会受这么大的罪啊! 我这是下了十八层地狱了,叫天天不应,叫地地不灵,有谁知道我的苦楚!"他想尿尿,可是短裤衩跟血肉结成一块了;动一动就痛得要命,只好尿在裤子里了。尿蜇着伤口,越发痛得慌。大水实在熬不过啦。(《新儿女英雄传》)

六、感激 例如:

1. 她们看见,炕沿上放着热腾腾的四碗汤,大婶子拿筷子分给她们。她们端起碗儿来,想不到碗里是赶[1]得细溜溜的白面条。一股香喷喷的油炸葱花的味儿,直钻鼻子。哈呀! 这些天,她们尽吃的什么呀? 她们笑了!笑了! 笑着笑着,眼泪扑沙沙的掉在碗里了。秀女儿哭着说:"干娘啊! 你打发我们两个饽饽就行啦! 你给作的白面……白面条儿……"四个人哭得更痛了。大婶子忙安慰她们,眼泪也掉下来了。(《新儿女英雄传》)

2. 她俩一听,赶忙加紧了脚步,跑进庄子一看,几十副担架床搁在街上,床上躺的彩号,头上、脚上、膀子上都缠着白绷带,鲜红的血从白绷带里渗出来,孙颜秀一见这情景,忍不住一阵心酸,热泪从脸上流下来,她心里想:"同志们都是为了保卫咱解放区,保护咱老百姓,在前方打老蒋流的血啊!"(《孙颜秀》)

---

〔1〕 赶:今写作"擀"。

3、希望 例如：

1. 苦根是一个劲往好地方想的。去年刚分到这块地时，她就对来子说："往后咱俩伙着在这井台上种一架葡萄，热天里有个遮荫的，浇园凉快，葡萄还可以出钱。"当时两人都做过这样的梦：井台上的金针花开了，葡萄架也蓬起来了，一串串的葡萄像珍珠似的挂着，弄得满井台珠光宝气，连荫影儿都是绿色的透明的，人在里面拧辘轳浇园，身上的汗都是凉浸浸的。如果那年高兴，种上块瓜，靠葡萄架搭个窝铺，夜里看瓜睡觉，又新鲜又凉快，多好！（《幸福》）

2. 他在墙外面，望着井台，望着快天黑的夜色，望着那一片无边的好水地，不觉像见到了绿油油的一片好庄稼，像见到了井台边大香椿树发着香味，忽然就是大槐树的黄花纷纷飘落，楸树叶乌油油地发亮。于是，当一阵轻风吹过，树叶挤碰着乱响，槐花飘落到他身上了，绿油油的庄稼也挤着、打着，麦子一天天长大，棒子、谷子黄黄地……而沙滩那面，他那几棵枣树，也都结满了红溜溜的甜枣了……（《灾难的明天》）

ㄅ、反省　例如：

1. 这时他一次又一次,一回又一回,想到他的营、连,——战士们在一炕上睡,在一锅里吃,在火线上一齐奔走冲杀,你帮着我,我抱着你。他想到自己过去的错误,——自己享受,疲塌,没好好领导部队,没好好作战,自己一个人的错误,已经影响多少人牺牲了。……想到这里,突然浑身战抖了一下,一股热辣辣的火,从心里冲上来。最后每一个每一个战士英勇的面孔从他眼前飞过。政治委员单臂,昂头,在枪林弹雨中前进,——"你,真的出去,算什么人呢?——谁还是你的亲兄弟,……"他眼窝一热,竟落下泪来。他了解自己从前所想的原来就是死路一条,他觉得路应该朝前走,不应该朝后走,他哭起来了。(《政治委员》)

2. 玉男刨得最"爽"。不过她一边刨,一边心里头不宁静:她检讨她的粗枝大叶呢!这二年,她领导妇女下地、开荒、编草帽,去年冬天又领导刨大黄,成绩都不赖。特别是刨大黄,坡里遍地大黄过去没销路,从没人想起刨它;现在全中国哪也能走,城乡交流没拦没挡的,梁福山给她提了一下这个事,她就挑头干,一冬收入就是二十来石粮食!再有她领导喂母猪,不光自己会侍候、会接生,还教会了两个妇女,发展到全村快一户一猪,功劳也不小。可就是自己性子直,不讲究作风,粗枝大叶,群众关系上头总有些小问题,因此,自己只是个村里的模范,区的县的还够不上!嗨,倒也不是个人想当甚么区呀县的模范英雄,可自己的缺点,党和群众提过不止一回呀!怎么老也不能进步啊!(《正月新春》)

〈、矛盾 例如:

1. 李进挨着我抓紧我,他说:"指导员,你还不相信我吗?……我斗争了两天两夜了,我多苦恼!翻来覆去想,走吧,走吧!……我想到你,想到班长,想到小马老何他们很多同志,我到底舍不得走!"他顾不得眼泪在流,还是说:"我想想二妹子,心里难过,总还受得了。我一想到从此要脱离部队,党从此就不要我,……我要变成一个孬种……给同志们骂了,我实在受不了……指导员,你相信我话吗?"(《柳堡的故事》)

2. 两个力量在他心头的冲突,越来越厉害了。对于蔡云龙,他讨厌、痛恨;不是他,他不会失足跌在这个臭水潭里。但他又还是怕他,采取了规避的态度,不愿招冤。过去所做的罪恶,一想起来,他就惊慌难过,好像一团脏脏东西,塞在胸口,难受得很。但他又没有足够的勇气吐出来,他不能确定,说出来以后会有什么后果。他想:也

许还是沉默的好，让一切错误，像黄浦江江水，流过去，永远流过去吧。(《不疲倦的斗争》)

新颖的故事，也就是现实的故事，所以它同人物一样，也必须要有典型性，才能表现出真正的现实。一般人口头所谓新人新事，指的就是这种人物和故事。但人事千错万综，因此故事也千形百色，如果不是典型的表现，不但写不尽，而也写不好，并且读者也不会都愿意来阅读。但故事虽典型，如写得不深刻，不真实，还是不能发生动人的力量。因此，除了内容必须是典型的之外，外形必须写得深刻、真实，也很重要。

新颖故事的例子一时举不尽，只能酌分为三类：勹、新的任务；夂、新的经验；宀、新的生活，每类也只能随便举一些典型的例子。

勹、新的任务

(一)纺纱　例如：

婆婆在自己个炕头上纺，后来儿媳也自动地搬去了。两个死对头在一块纺着线，都不说话。婆婆常鼓着个嘴，两片嘴唇皮半张半合，嘀咕甚么似地，可还是没声音；儿媳不时偷望望婆婆，看着婆婆熟练的动作，左手就像是把一根长线随便拉长，然后又滚到锭子上似地。而儿媳呢？

看看自己,自己多笨!自己是拿着棉花条硬抽出的线子!于是,儿媳更专心地捉摸着自己的把式,她那不大健康的脸上,差不多是整天憋得烧红。婆媳都那么专心,真个像在比赛哩!(《灾难的明天》)

(二)养猪 例如:

　　不久,上级来了通知,号召妇女们养猪喂鸡,并提出"一户一猪,一人一鸡",对屯头一带山沟副业少的村子,还强调喂母猪,合作社并拨下了贷款。这时玉根被调去给附近村庄传达参观的情形,屯头就由春晴和别几个干部挨户组织新的副业。喂鸡和喂肉猪倒容易组织,原来村里有喂的;孵小鸡和喂母猪还有点困难,特别是很多人喂母猪不大胆,怕母猪难伺候,怕小猪不好长大。这时候,春晴就把玉根见到的和听到的一切,细细致致地描绘给大家听;她婆婆的经验,也成了宣传说服的材料,老太婆还短不了亲自出马,帮儿媳妇宣传。(《前进》)

(三)秋收 例如:

　　秋天来了,卞家园的野外,高粱像红山一样的正晒着滚圆的米,谷子垂着肥硕的金黄大穗,棉花开得一片雪白！这丰收的年景给人们带来了喜悦！秋收期间的变工组，没用怎样动员，就又自动的结合起来了。人多力量大，组织起来省工夫，这个真理，已被这庄的人们在麦收、夏锄中切实证明了。看吧！男的女的老的少的，割的割，推的推，从天露明到月夜，没有停工的时候！老年人望着这肥硕的丰收，不住的感叹着："夏天，是民兵保卫了咱的麦子，秋天，是妇女保住了咱的秋粮！"是的，就是因为妇女们组织起来，苦难的卞家园不但没有荒下地，反而比别庄多锄了两三遍苗子，才换来了今天的丰收。(《韩秀贞》)

(四)战争　例如：

　　鬼子们喊着，汽船喀哒喀哒追过来，吓得她两个脸色都变了，掉转船头，拼命划着那小船，往荷叶下面钻。突然一声枪响，汽船上的机枪手倒下了，紧接着一阵排子枪，鬼子都打死在船里，有两个打伤的，着慌跳了水，也给淹死了。原来牛大水一伙从苇塘里绕过来，偷偷儿藏在南边一大片荷花丛里，每人头上顶着大荷叶，多半个身子浸在水里，说是"荷叶军"，一齐埋伏着；敌人的汽船过来，刚好打了个准。同时，苇塘里也闪出来十几条小船，是赵五更那一拨，朝汽船冲来。汽船瞎闯过去，在荷花丛里跑

了一弓（五尺）远，搁住了……（《新儿女英雄传》）

夂、新的经验

（一）牧羊 例如：

他知道羊群大早一上坡，饿得慌，见草就想吃；边走边吃，好草赖草都往肚里咽，零食太多，到了草肥的地势，反倒不饥不饱，待吃不待吃了。普通放羊的都不大管这些，让羊们爱怎么就怎么。他可摸出了如今这个法法：羊们大早一上坡，就使劲儿撵，摔鞭子，扔石头，决不让停下来，也决不让随便叼吃一根杂草。这么紧追紧赶，待到了个草厚食肥地势，工夫不小了，羊们累极了饿野了，一停下，就像狼像虎，拼命吃，拼命往饱里撑。以后，再慢慢赶着溜溜转转，过个小半天，再使劲赶到别个地势大吃一顿，傍黑，又快快赶回村。这么一来，人是累，比普通放羊的不知该累多少多少倍，可是，羊们保养好，吃的又香又对时，都胖墩墩地，肉儿肥，毛儿厚，杀肉多，剪毛多，剥下皮来卖钱也多。可惜他这一手，几十年死死锁在村里地主的羊身上，他自己甚么也没闹下，因此，后来他也懒得使唤这套本领，也从不把本领告给外人。外人只传言他放羊会使甚么神法法，问起他，他光摇头：他凭甚么要告人家！再说，告人家，说这说那，话儿长，他还嫌累呢！（《正月新春》）

（二）养猪　例如：

　　阳历五月半,有天黑夜,春晴家一口母猪下了第一窝小猪。她们婆媳俩把母猪安顿在一间暖和屋子里,守在旁边,每下一个就马上拿开料理好,一窝共下十五个,她们整整伺候了一夜。过不几天,第二口也下了,也是十五个。母猪刚下小猪以后的三天,她们自己吃糠,可给母猪吃玉茭面糊糊,三天以后,才给换点糠,连高粱也不给吃,怕上了火。待小猪也很细致,二十天以后才喂食,一天一顿,过了五天,才一天两顿。到六月半,第一口母猪下的小猪,都长到七八斤,连集也没赶就被本村和附村抢走了。她们自己家里,在这时又添喂了一对小母猪。(《前进》)

（三）庄稼　例如：

　　夜里,屋子里热,又多蚊虫,两人就在井台上铺上块炕席一躺。一阵凉风吹过来,棚子上的大叶子扑拉扑拉的一阵响,露水洒到身上,凉到人心里去了。常在地里睡觉的人们都有这种经验,有时候,一抬头看见天上一颗流星飞过去,就呼呼的来了一阵风,庄稼叶子哗哗哗,接着,就听见一阵"卡卡卡"的响,据说,这是庄稼在往上长;紧接着,风儿又吹来了一阵香味,庄稼人一皱鼻子一鼓胸脯,就说道:"庄稼快熟啦!"据说:庄稼秀穗的时候是青香味,庄稼熟了是焦香味。这香味叫人心里又松爽又凉快,像喝了凉糖水一样。早先,来子是在地里长大的,每年热天夜里总听惯了这种响声,闻惯了这种香气,那时虽然也觉得凉爽,却没有现在这么快活。(《幸福》)

(四)战争 例如:

吴天宝问:"你倒是说说对付飞机有什么巧法?"

边遇春望着屋梁,抽着烟,半天说道:"只要你别发慌就行了。有一回我们叫敌人黏上,横一梭子弹,竖一梭子弹,我也不管,照样开,一直开进山洞去,检查检查机车,打坏几处,都不重。后首遇见敌机,但凡能开,我就不停车。一停下车是死的,容易挨打,打的又重;跑起来车是活的,子弹打上力量也不大。"

吴天宝眯着眼笑起来:"一点不假。弄玄虚敌人可有一套。照明弹一挂一大溜,好几里长,灭一个,又挂上,灭一个,又挂上,初初看见,真会把你吓住了,谁还敢从照明弹底下走?"

边遇春说:"是呀,起初我也是想,人家有科学,借着这个鬼办法,必定能从上面看见机车,心里也是发慌。殊不知是吓唬人。只要飞机不在尽头顶上,你只管闯过去,屁事没有。现在乘务员倒盼着常挂个天灯了。一挂天灯,明晃晃的,宿营车上正愁没亮,大家正好借着亮洗衣服,看看新来的来信。"(《三千里江山》)

一、新的生活

(一)工厂　例如:

他们吃饭,向来是在一起的。大家把饭盒子摊开,饭分着吃,菜就合起来享用。老魏先走回来了,他洗了洗手,就打开饭盒子。现在摆在三个人面前的有大米饭,有煎饼,有菜包子,菜有炒黄豆芽,煎鸡蛋,一段咸鱼,这是陈少通的,菜很少;但是做得很有滋味。小宋的是一条鲜鱼,老魏除了一块冷拌豆腐之外,有虾酱和大葱,后两样是他最喜爱的。按理说,每家女人都拣男人最喜爱的菜拿来;可是摊开之后,总以为别人的菜好吃。有时净吃别人的,自己的一口也不动。又有时,回家说了一句,今天谁的冷拌豆腐,实在可口,自己女人心想他换了口味,也拌了一块豆腐端上饭桌,他可就不能忍受了。(《我们的节日》)

　　　　习作初步

（二）农村　例如：

　　在这一带平原地面,普通不缺吃喝的人家通常都是吃棒子面饼子。有多少做丈夫的经验过这样的事:当自己又饿又累从地里回来时,媳妇已经烧着了火在作饭,自己就坐锅台一边,就着她从灶膛里掏出来的火炭儿抽着了烟,一面跟她说着庄稼话,一面看着她往锅里贴饼子,那双灵巧壮实的手,像两个活蹦乱跳的鱼,是多么好看!是多么动人! 来子是头一次有这样的女人给他作这么好的饭食,头一次看见这样被热水烫红了的肥壮灵巧的手,她抓起一把金黄色的面团子来,让它在两只手上跳来跳去,拍打拍打就贴上一个,拍打拍打就贴上一个,好像光看见这样的手,就感到了幸福。(《幸福》)

（三）恋爱　例如：

　　他们在远远的密密的高粱地里,自己有一个洞,洞是大秋一手建造的,又秘密又宽敞,里面放了水壶干粮,铺着厚厚的草。洞口边还栽上几棵西瓜,是预备一旦水短,摘下一个来就吃。一到洞里,她才醒了,也精神了,她强要大秋睡一下:

　　“不! 你得睡一觉,我给你站岗。”

这样安置着大秋睡了,盖好了,她就坐在洞口侧耳细听着,是那么负责任,风来她背着身子给大秋遮风,雨来,淋湿她的衣服头发,也不叫淋在她丈夫的身上。(《钟》)

(四)战争 例如:

一连好几天,双喜他们都在苇塘里的冰上过日子。饿了,把老百姓偷偷送来的麻饼、棉籽团儿、野菜搀的糠窝窝……杂七杂八的冷东西,分着吃;渴了就嚼冰凌子。双喜说笑话:"这是冰糖哪!一人一块,不花钱。"大家咯吱吱,咯吱吱的,嚼得怪起劲。送来了地梨面的饽饽,就给大水吃。大水脑瓜儿上箍着白布,仰躺在高屯儿怀里。他很过意不去:"我的伤已经好了,凭什么该吃好东西呀?"拿个饽饽让来让去,临了还是吃半个,那半个一人抉一小块儿,分着吃了。小梅穿着老百姓给她的破棉裤,膝盖儿上吊着一块破布,西北风吹着,破布儿一掀一掀的。秀女儿说她:"哈!你这个裤子上还吊个门帘儿呢!"小梅也忍不住笑起来说:"你这调皮鬼,别出我的洋相啦!"(《新儿女英雄传》)

人物(包括人物的心理)和故事表现得是否深刻、生动,和环境的配合不配合很有关系。如果读一篇文章的时候,只觉得人物在活动,故事在发展,而不觉得他们是在什么时候或什么地点活动、发展的,那不是由于作者没有把环境表现出来,便是由于环境和人物故事不相配合。这样,便要影响到人物的活动和故事的发展,使它们变得浮泛、不生动,而减低文章的效用。所谓环境,约可分为:勹、场所;夊、景况;宀、季节;匚、气象四类。前两类都是空间环境,后两类都是时间环境,它们都是人物活动和故事发展所必须备的条件。

勹、场所相配

(一)工厂 例如:

1. 他向硫化铁焙烧炉走去。这是最近才安装起来的代替硫磺燃烧炉的装置。它每天要供给三个木釜所需要的亚硫酸瓦斯。这里发散着一股特别刺鼻的气息,不习惯的人往往要干呛地咳嗽起来,甚至流出眼泪。车间主任原来是制药车间的老工人,他已闻过二十年的硫磺;所以习惯了,或者还可以说面色十分健康,仿佛硫磺对他的肺叶没有什么损害一样。(《我们的节日》)

2. 工厂好像翻了个身,一切都动了起来,变了样子。马丁炉在抢修,行车白天黑夜轰隆隆地开过来开过去,码头忙了起来。工人流着汗,透着一脸红光,唱着新学的歌子,吆着号子,愉快紧张地工作着。马达发动了,烟囱冒烟了。一切都透出新的生命、新的喜悦。(《不疲倦的斗争》)

(二)农村 例如:

1. 春天的老日头晒得暖和和的,小黑子耕了一阵子地,身上已汗漉漉的了,丢了犁把子,扒下三表新的大棉袄,在搁枪的大石头边蹲下来歇歇。正是春耕时节,从山头往下看:山坡上、山坡下、山坳里,尽是庄户汉,吆喝着牲口,炸着牛鞭儿,扶着犁把子,三三两两,忙的正是春耕下种。小黑子不由的心思起来:要不是去年土改分地翻了身,大家那能忙的这股子乐劲儿。他越想越喜,再往下看:弯弯曲曲的泗水河北边,一片青绿的树丛子,给一道黄土墙围着,这就是罗家堡了;树丛子里,隐隐现出一座大瓦房来,屋顶上飘着一面大红旗,正是村上的农会办公处。这早先是"北天霸"罗文虎的大宅子,从土改以后,这座大宅子就分给了穷庄户,另把一座大厅房划归村上的小学和农会作教学和办公的地方,到现今已大半年了。黑子一面抽着旱烟末子,一面瞅着飘飘扬扬的大红旗,乐的笑起来。(《乌云遮不住太阳》)

2. 吞吃了酸枣,有了精神和力量,在苍茫的夜色里看到了山顶的村庄,有一片起伏的成熟的莜麦,像流动的水银。还有一所场院,一个男人下身穿着棉裤,上身光着膀子,高举着连枷,在他身旁有一个年轻的妇女用簸箕迎风扬送着丈夫刚刚打下的粮食,她的上身只穿着一件红色的兜肚。(《看护》)

(三)战地 例如:

1. 野外,一丛黑森森树林,几个警卫员在那下面走来走去。树下一片漆黑,眼看不见,只有拿手摸摸得出一条曲曲折折的交通壕,从那儿一直伸到一间掩蔽部。

掩蔽部四壁是潮湿的黑土,顶子是拿枕木和钢轨筑成的,小型炸弹掉在上面是炸不透的,——工兵们把进出口那儿修筑得拐了一个弯,遮着里面的光线不至泄露出来。夜黑如墨的空中,果然有两架战斗机在盘旋,想发现一点火光。在这一刹那间,炮兵按着规定时刻,突然一齐狂吼着发射,炮弹像千万条游龙一齐奔向前方,一团团烟,一团团火,在粉碎着敌人,钢骨水泥的地堡群、铁丝网和战壕。在掩蔽部这里,人们始终感觉在颤动,要崩塌似的,掩蔽部四壁不断嗡然轰响,——但举在团政治委员手上的蜡烛一点也不颤动,黄淡淡的光线射在一幅城市地

图上,年轻的团长的眼光,政委的眼光,参谋长的眼光都落在地图上。(《战火纷飞》)

2. 快到汉家山的时候,老武把担任警戒的民兵,留在碉堡对面的山头上,自己和雷石柱,带着挑选下的那十几个民兵,向碉堡那座山上运动。天气很黑,星星闪着眼,民兵们顺山坡往上爬。老武提着手枪在前面,弯着腰爬一阵,就停住,听一听四周没有动静,再往上爬,爬到半山的时候,有一段石子路,老武对背后的人低声说:"脱了鞋!"一个对着一个的耳朵,把这句话传给了最后一个人。大家都把鞋子脱掉,屏住呼吸,继续往上爬。

隐隐约约,可以看见山顶上黑黝黝的那座碉堡了。老武又低声传下话来说,"停一停,爬下!"后边一个跟一个爬下了。老武把手枪插在腰里,两手托着地,一个人爬向前去了。

碉堡看得很清楚了,老武又慢慢向前挪了几步,爬在一个低土塄下边,向碉堡观察了一阵,也看不出有什么动静。这时,他想起杜玉贵说围墙门斜对面有一块凹地,可以埋伏队伍。他调过头来找那块凹地,向右前方爬了几步,果然在外壕不远处,找到了一块凹地,长着一些将要枯干的杂草。这里距围墙门约有二三十步远。老武心里非常高兴,急忙退下来,引着民兵们像地老鼠似的,一个个爬进了凹地,伏在乱地里。(《吕梁英雄传》)

（四）灾区　例如：

1. 不下雨，老不下雨。这个村子的大水井，用三条一两丈长的大麻绳放下水桶去，往上打水，绳子在辘轳滚把上绕三四十个来回，打上来的是半桶黄泥水。来往井台上的人们，望望天，眉头打皱，唉声叹气；大家一副枯黄脸，有气没力地聊两句，都是雨呀水的。人们靠政府发的一点赈灾粮，靠去年剩下的几颗烂枣，靠糠粑榆皮塞肚子。大秋来了，菜园死了，谷子稀零零地，尺来高，棒子也没有几个；到小山沟里看看枣吧，原来光靠干沙地的养料还长不出枣来！没雨水，枣也是有数的几个。（《灾难的明天》）

2. 天真旱得厉害，小苗成了失奶的孩子，起先是没精打彩的挺不直腰，以后干到半个叶，一个叶，再后干到两岔嘴上（分叶的地方），就一棵一棵的死了；南瓜刚拉蔓，才开过头一喷花，叶子先渴干了，到该压蔓打尖的时候，土块像石头一样硬，谁还有心干这活呢？

初伏天过去时，山上还露着青石岩，苗子还盖不满地皮；柿子，本料挂得还可以，也是因为缺雨，如今落的一层压一层的；榆树、槐树、椿树的叶都剥得秃光光的，牲口的

肚皮和人的肚皮,一天比一天瘪下去。住户门〔1〕肿脸,拉肚子,……各种瘟病就传开了。(《摔龙王》)

攵、景况相配

(一)愉快　例如:

1. 一屋子乐了个一团糟,小贞又窜到她爹怀里,抢着脑袋骂。她爹只得拉起她,叫上他小子,一道往外走,一边并跟雨子约定明儿个赶集动身的时间。屋子当中兵子可还在挤眉弄眼地说:"不行,我可不跟她……"雨子抢着训道:"这么好个闺女还不行?你要甚么样的才行?再不我给你娶他娘的个小母猪!"人们欢喜得像把屋子也抬起来了,雨子可不笑,只跟着老玉往外走。老培、小赵忙拿麻杆点火送客人,雨子接过麻杆火,说:"别送啦,老培哥!咱们这快都是亲戚了的,还用客气?"说完,他晃着麻杆火赶上去给老玉照道,并对老玉说:"明儿个动身的工夫我叫你吧!反正鸡叫头遍就得走。结记住别贪睡啊,亲家!"(《亲家》)

2. 金子的心像春天的花蕾一样开放了,过去只能在梦里想的事,今天实现了!她亲眼看见杀死她娘,逼走她

---

〔1〕门:今写作"们"。

哥哥,逼走李文有,拿她不当人看的大仇人,在她面前倒下去。她亲眼看见,过去那些骑在老百姓脖子上拉屎的汉奸队,今天都跪在老百姓面前求情。她心想:"这些,要不是共产党,要不是八路军,那有今天呢……唉!要是娘还活着,看到今天这些情景,她心里该有多高兴呢!"……(《孙颜秀》)

(二)凄凉 例如:

1. 夜色笼罩着山野,屋子里静悄悄的,村子里静悄悄的,村子外边也是静悄悄的,只是村边的小溪流,发出呜咽一般的声音,像是幽幽地在哭泣。

白大夫炕上那只黯淡的烛光,摇映着雪白的墙壁,和墙半腰粉红色墨绿色的花纹。烛油一滴滴眼泪似的滚落下来。蜡烛在慢慢消耗着自己的生命……

一九三九年十一月十二日,浸晨五时二十分。一缕曙光从北中国战场上透露出来,东方泛着鱼肚色。黑暗,在北方的山岳,平原,池沼……各个角落里慢慢退去。在安静的黎明中,加拿大人民优秀的儿子,中国人民的战友,在中国的山村里,吐出了他最后的一口气……(《白求恩大夫》)

2. 她想起老娘,回家两年就亡故了,临死也没有见一面。又想起小瘦,这可怜的孩子给张金龙抢了去,活活儿糟害死了。想到这儿,又是恨,又是气,又是伤心。那雨淅淅沥沥的下着,好像许多人在哭。小梅恸得肠子都要断了;一抬头,看见庙对面有个辘轳,心想那儿准有个井,倒不如死了吧!就流着眼泪走过去,爬在辘轳上,望着井里。闪电一连打了几下,她心跳得很厉害,咬咬牙,就想跳下去。(《新儿女英雄传》)

(三)沉闷 例如:

1. ……我打了会子球,回到家里,刚进院,房东大闺女就望着我笑,金凤忙扯她姐姐的衣角,打她姐姐,她姐姐可还对我笑,我也不自觉地笑起来,问是怎么回事,金凤可低着头跑进屋里去了。金锁问我:"你们这几天吃什么饭啊?"他大姐也问我:"明儿你们不吃好的吗?"我说:"这几天尽吃小米!"到底怎么回事?为什么又问这?我还是知不道。房东大闺女这几天不同得多,老是诡诡谲谲地对我笑,而金凤,见了我就低着头紧着溜走了,一句话也不说,也不问字了,也不学习了,连冬学上课的时候,我望她一眼,她就脸红:这才真是个闷葫芦!(《我的两家房东》)

2. 来子往鞋底上磕掉了烟灰,把烟袋往腰带上一披,不自主的站了起来,背起粪筐来,不由自主的挪动着腿。只见苦根也不回头看,起身往屋里就走。他进了院,把粪筐靠在墙根,跟在她后面进了屋,坐在炕沿上,低下了头。苦根也坐在他对面,也低下了头。

两人都不说话。

来子把手扪住脸,苦根却出去了。(《幸福》)

(四)寂静 例如:

1. 外面静的怕人,人们逃了一天难,摸回村来,望一望炮楼枪眼里射出的蓝色的灯光,轻轻推开门走进家里,胡乱吃点东西,躺到炕上休息了。只听墙角里的蟋蟀断断续续的叫两声,苇坑里那个老青蛙,像人在梦里突然惊醒一样,叫了一声又停止了。(《钟》)

2. ……她家住在全村子最高,也就是往里最深的山坳里。一排三个朝东的破烂窑洞,他们住当中的一个。左边靠北那一个,白从海盛着;右边靠南那一个,有时空着,有时郝四儿倒贩牲口,就拿来喂牲口。这三面窑离开正庄子有十几丈远,地势又高,路又难走,平时莫说庄子里的人很少到这儿来走动走动,就是庄子里的狗也不会跑上这儿来。她一个人坐在门口,看见下面庄子里人来人往,都在做着正经事,很热闹,只有她家是冷冷清清的,阴森森的,想说话也没个人跟自己说话,好像她自个儿孤零零的活在一个空洞洞的世界上,心里觉得很难受,又很害怕。她这样坐着,一直坐到太阳偏西了,晒到对面山坡了,……爬过对面山顶,不见了,还是坐着不动。出嫁到这里来的两个月当中,有十几二十天就是这样过的;不说话,不动弹,也不吃晚饭,就这么坐着坐过了那整整的一天,一直坐到天黑,灯也不点,就回窑里去睡觉。……

(《高干大》)

一、季节相配

(一)春季 例如:

1.……日头当顶了,初春田野的"杨花"丛里,没半点风,花草树木还没紧着发芽,天气可显得有些热了。村东村南那些挑渠挖水道的人们,远远看去,也看得清,有人只穿着个夹袄,吆喝着,唱个一句半句地,弯着腰起伏着干活,不时传过来一两声铁锹铁镐的碰打声。村边的杨树,一直往上长得太高太高,这会儿也都像拼命立着,不是冬里那么个缩着脖子的架势。一个甚么青年推车送粪累了,歇在道旁,忽然一家伙爬上一株杨树的半腰,唱了句甚么,就向四外大声一嚷:"加油加劲呀!"还在树上蹲着身子,用两个脚板两个巴掌同时往树干上拍打着,一跳

一蹦地往下下,离地还有丈数来高,就忽然"唰"地一下溜下来。……(《初春》)

2. 这时,已是暮春的时节,太阳闪烁着光辉,照着静谧的郁密的丛林。浅野坐在一个农家院子的屋檐下,一个人失神的望着蓝天。他完全失去了控制生活的能力,有时郁悒充满了心头,有时头脑好像一张白纸,不能思想,昏昏沉沉。又觉得眼前这异国秀美的景色,好像套色的绘画,完全被一个小孩用各种深沉的彩色把它涂乱了,并拿来在他眼前旋转,蓝天和嫩绿的桃树和杏树没有了,只有一片深沉的杂乱的彩色。过一会儿,又好像深沉杂乱的颜色消退了,眼前展开了富士山的积雪,和一抹抹的白云,以及鲜艳的满山满谷的樱花。(《浅野三郎》)

(二)夏季 例如:

1. 这时是去年五月间,麦子发黄了,高粱,棒子,谷子苗也起来了。刚下过一场雨,人民正在忙着锄地,田野里散满了人,大路上行人也来来往往,两排人混在这中间,除了部队自己知道,别人是看不出什么来的。看吧,路上那个行人,穿着长衫,背着褡子,走得多有劲!从敌人哨兵脸前走过去了,谁能看出长枪就在他的身上?……(《平原上》)

2. 六月间,在摩天岭下,在沂水县坦埠以北的山道上,发生了令人难以相信的事情。这是雨季的开始,敌情和任务需要我们大雨行军。这一天,北风狂吹,大雨倾盆,雨点鞭打人脸,我们迎风北上,风雨把六月的天气变得寒冷,人马从头至脚全身泾透,我们缺少雨具,全身雨水,四肢冻僵;山道村庄稀少,行军途上,倒下我们许多年老体弱的同志,一些饲养员们,一坐下来就不能爬起来了。六月的风雨也夺去了我们许多同志的生命。(《六十八天》)

(三)秋季 例如:

1. 我们的机关搬到三将台,是个秋天,枣儿正红,芦苇正吐花。这是阜平东南一个小村庄,距离有名的大镇康家峪不过二里路。我们来了一群人,不管牛棚马圈全住上,当天就劈柴做饭,上山唱歌,一下就和老乡生活在一块了。(《吴召儿》)

2. 四二年的大秋是个歉收年景,苇子似的高粱,贴着地皮的谷子,都收割起来了。饥荒年头的大秋也容易过,只几天,便地净场光,平原上又是一望千里,除去村庄和树木以外,尽是光秃秃寂寥寥的一片。老乡们都摇头叹气,愤怒的骂着:"老天爷也当了汉奸!"(《平原烈火》)

(四)冬季 例如:

1. 吃罢饭以后,民信屯的人搁爬犁拉着豆饼和谷草,人们踏着雪,往回走啦。元茂屯的人打着锣鼓,唱着歌,送到西门外。四九天气,刮着烟泡。冷风飕飕的,一股劲的往袖筒里,衣领里直灌。眼都冻的睁不开。两脚就像两块冰。人们的胡须上挂着银霜,变成白毛了。(《暴风骤雨》)

2. 每当大冷天,太阳照到周家营的时候,村南大道口的五道庙前面,总坐着个晒太阳的老汉。这老汉满脸皱纹皱得像烂白菜叶,白头发、白胡子在耳朵前面碰到一块,远远看去,那脑袋就像一棵又黄又黑的烂白菜,周围开了一圈云白白的花。(《第一个新年》)

二、气象相配
(一)风 例如:

1. 夜风起了,呼啸着;吹得山动树摇,山谷里一片呼呼声。老王藉着风声,将敌人用树枝筑起的鹿砦拨开了个洞,侦察员们一个个的爬了过去。走了几步,又是一道鹿砦。八勇士绕进梢林,老王和老干家折去挡路的树枝,

大家脱下衫子,包着头,钻过去。在石崖下大家集齐,继续的上。(《八勇士华山建奇功》)

2. 不巧得很,天上竟一丝白云也未挂,反倒刮起风来,从早起,呜呜的风,从西北上更高的山上刮下来,尘沙遮盖了整个的天地,日头发了昏暗,四外的山上,腾起迷茫茫的乌黄色。

一场旱风顶十天晒,本来,地皮就冒黄烟,再经这场风,就好比糠里榨油,把最后一点水气也刮跑了。谷苗呢?咳!早像失奶的孩子一般,半死不活的,还能再经起这场风么?把小苗筋脉上那点水分都吹净了;南瓜蔓,南瓜花,经旱风猛打,从花托盘上齐打打地掉下来。再说到柿子,人们心慌得更不能提,"柿子配窝子,赛过火锅子,"柿子搅糠面,是庄户们的生命线,如今,旱风摘下小柿子,就扭断了庄户们的生命线,怎能使人不心慌呢?

旱风呜呜地刮着,人们比听到狼嚎还心寒……(《摔龙王》)

(二)雨 例如:

1. 头一场雨,就把车上的人淋湿了。刘华穿着一套草绿色的军装,淋得深一块,浅一块,浑身上下都成了豹花点,绿绑腿胀得像节节虫。王耀东穿着灰溜溜的军装,叫雨点打得响透,贴在胸脯上,袖子湿成溜,毛边的玻璃风镜向下淌水。曹团长和大家一道淋着雨,一心要赶路,催着车把赶车。

雨横扫着大草原,唰唰的,唰唰的,不住点的响着。

车辙沟里,马蹄印里,坑洼地方,全汪上了水。连着草甸子,快连成了一块域。草根子从地里露出来。蛤蟆从地里钻出来,一直叫唤。(《开不败的花朵》)

2. 这一天,天下着濛濛雨,苦根在家里没事,心想:"春雨贵如油,这场雨要是连着下个三两天,今年俺那一亩麦子可就强啦!"心里一高兴,想着看看雨洗绿了的麦苗儿。开开后门,却看见来子正淋着雨在给她耪那麦苗儿哩,就忙叫闺女小梅把他叫的家来,对他说:"你这是怎么啦?疯了吗?淋着雨给俺耪地,淋病了,谁给你问汤问药啊!"

来子把锄往墙根一靠,把头上湿了的脏手巾解下来,说:"咳!天阴下雨,一个人在家里太闷的慌,着锄背上地里转游,就耪起来啦。"

苦根说:"忙把湿小褂脱了吧!"

就找了件旧衣裳给他换了,又把那湿衣裳泡在盆里,洗起来。(《幸福》)

（三）雪 例如：

1. 两个人脚跟脚的走，踩着当院子的雪，咯喳咯喳的响。刮了一阵小北风；那是从松花江沿上刮过来的，挟着雪沙子，霜打在苞米楼子和猪圈的棚梢上，干谷草叶子迎着风口山叫。小猪冻得哼哼着。金永生的破皮褂子一阵阵的掀起来，大窟窿小眼子直灌风。（《江山村十日》）

2. 不久就下了大雪，我们都穿上了新棉衣，刘兰要在我的和她的袄领上缝上一个白衬领，她坐在炕上缝着，笑着说她还是头一次穿这样里表三新的棉袄裤，母亲一辈子也没享过这个福。叫她看来，八路军的生活好多了，这山庄上谁也没有我们这一套棉衣。

下了大雪，消息闭塞，我写了一封信，和大队上联系，叫刘兰交给村长，派一个人送到区上去。……

接到大队来信，要我转移，当夜刘兰去动员担架，她拄着一根棍子，背着我们全部的东西，头上包着一块手巾，护住耳朵和脸，在冰雪擦滑的路上，穿着一双硬底山鞋，一步一个响声，迎着大风大雪跟在我的担架后面……（《看护》）

(四)风雨雷电　例如：

1. 翻过岭，走上公路，大风呼出了雷电，响雷又打出了骤雨！倾泻的雨滴无情地鞭打着我们，眼睛都睁不开了，尤其是左眼，因为雨是大滴地从左边直刺过来的。打得眼睫毛擦着眼瞳！左耳鼓膜上也灌进了水，帽沿尖板上滴下了水，衣服、裤子、鞋子也都泡在水里，前面传来口令："跟上，不准掉队！"因为，今晚是通过公路，通过敌人据点！我们不怕风吹雨打的英雄儿女们，就加快了行进的脚步，而那据点里的敌人，不知是在麻痹的熟睡中，还是在大风雨面前发抖呢。(《向敌后进军》)

2. 天黑了。几十只小船和一只大船顶风冒雨回来。在波浪上忽上忽下的前进。黑暗里，人们谁也看不见谁，只听见风卷雨扑，和打棹的声音，哗啦啦、哗啦啦的响成一片，夹着人们高声的呼喊。电光一闪，一个霹雳重重的打下来，压倒了一切声音，震得人发颤。四下里黑得更厉害了。大水吼着："杨小梅！快跟紧啊！一掉队就失迷啦！"小梅在后面高声应着："我们跟着呢！丢不了！"她的后半句话，给风刮得听不见。更猛的雷，又劈面打过来……(《新儿女英雄传》)

　　　　　　　　　　一九五三，六，一二于上海。

后　记

　　"文心经典"丛书终于陆续付梓了,这是一件可喜可贺的事情。

　　"文心经典"的研究与酌定一波三折,先拟粗探于作文理论,后拓展于语文理论,再酌精于阅读作文理论,终专注于作文理论;丛书命名亦由初"作文大家谈"再而"语文大家谈",三而"大家经典",终酌定为"文心经典"。

　　"夫文心者,言为文之用心也"(《文心雕龙·序志》),"文心"是指作者"为文"的用心,也即作文的用心。文心出版社自《作文》期刊而立社。《作文》创刊于1981年3月,刊名为叶圣陶先生题写。文心出版社成立于1985年2月,社名取《文心雕龙》"文心"之意。"文心经典"是原著作者作文理论研究之结晶,是对作文之"文心"的深度阐释,对习作者具有引导之效,对当代作文教学者亦有借鉴之用。丛书名以"文心经典"

名之,是再恰当不过的了。

作文理论研究是枯燥的,也可以说是出力不讨好的事情,研究者鲜见。所幸的是,作文教学研究课题组承担了这一任务,为"文心经典"丛书的顺利出版创造了必要的条件。

作文教学研究课题组是由中国教育学会中学语文教学专业委员会(以下简称"中语专委会")于2014年7月批准立项而组建的,其前身是1984年8月成立于河南郑州的"全国作文研究中心",后该中心设于文心出版社。

作文教学研究课题组不仅汇聚了一批全国一流的作文理论领域的研究者,更有中语专委会理事长顾之川先生、全国中语会原代理事长张定远先生、中国阅读学研究会会长徐雁先生、中语专委会学术委员会主任伊道恩先生、中国阅读学研究会常务副会长甘其勋先生、河南省基础教研室中语学科主任丁亚宏女士、江苏省特级教师蔡明先生等出任学术顾问,这为课题组的课题研究提供了有力的学术支持。

2014年,作文教学研究课题组着力于对近现代作文理论著作做系统全面的梳理,列出了"文心经典索引书目",并初步确定了作文理论研究的四大基本分支——作文通论、作文分论、作文文体论、作文散论,为作文教学理论的进一步研究指引了航向,也为"文心经典"丛书的出版明晰了思路。

2015年,作文教学研究课题组着力对各大分支的代表作做专题性研究,发掘其价值,为当代作文教学改革提供理论借鉴或支撑的同时,也为"文心经典"丛书作文理论著作的圈定提供了依据。"文心经典"丛书的出版,也可以说是作文教学研究课题组对我国近现代作文理论研究的阶段性成果的一次展现。

2016－2018年,作文教学研究课题组将对中外作文理论予以系统性梳理,为当代作文理论的创新做铺垫性的工作,为推动当代作文教学改革提供理论支持。这也必将推动"文心经典"丛书的出版再跃新高度。

"文心经典"丛书的出版,首先得益于顾之川先生的鼎力支持。他不仅支持作文教学研究课题组的作文理论研究,还组织了一批对作文理论有研究有建树的知名专家学者,如北京师范大学的刘锡庆教授、福建师范大学的潘新和教授等,并且还身体力行为数部"文心经典"的理论著作撰写导读。让人感动的是,2015年国庆节,平素工作极为繁忙的顾之川先生没有去度假,而是对"文心经典"丛书的所有导读再次仔细审阅修改;更让人动容的是,顾之川先生发现《作文述要》电子校对稿存在一些错误,便打印出来,将错误之处一一改正,寄给了文心出版社具体负责"文心经典"项目的贾为敏先生。这种学者风范不是用"严谨"之类词语可以概括的,实则浸润着顾之川先生对文心出版社绵绵不绝的厚爱。

后　记

"文心经典"丛书的出版,也得助于文心出版社和中原大地传媒股份有限公司的出版政策支持。作文理论研究是枯燥的,读作文理论著作也同样是枯燥的。"文心经典"丛书的读者多是语文教师和作文理论研究者,其销量是有限的。这些著作并非因为销量有限而无价值,相反,列入"文心经典"丛书的,在作文理论建树上都有其独特的价值。文心出版社是以作文为出版核心的专业出版社,实力相对较弱,就成本利润来说,出版"文心经典"就意味着亏本;对于致力于为当代作文教学提供理论支撑的作文出版专业出版社来说,文心出版社素来视社会效益为立社之本,素来以出版有价值的图书为核心,不会因亏损而不出版。文心出版社王钢社长、马保民总编等社领导特别关注课题组的研究活动,在"文心经典"丛书的出版政策上予以坚定的支持,在人力物力等的调配上予以特殊的倾斜。当然,单凭出版社的力量,"文心经典"丛书的出版依然困难重重。此时,中原大地传媒股份有限公司,尤其是公司出版业务部郭孟良主任和产业发展专项资金管理领导小组的同志等非常关注"文心经典"项目,给予了宝贵的政策支持,并将其列为公司重点资助项目之一,可谓雪中送炭。

　　"文心经典"丛书的出版,更得助于原著作者或其家人的无私支持。如陈望道先生的家人、唐弢先生的家人、叶圣陶先生的家人等,他们得知出版"文心经典"丛书出版的根本目的是为了推动当代作文教学改革,纷纷给予宝贵的支持。当然,也有缺憾,有的著作出版年代久远,作者情况无法查询;有的则是著作权的继承者无法联系。若对这些著作视而不见,不仅仅是学术研究的短视,对当代作文教学改革也是极为不利的。研究并出版这些著作,既是对学术的尊重,也是对原作者应有的尊重,对当代作文教学改革无疑也是有益的。

"文心经典"丛书的出版,还得助于一些机构和图书馆的特别支持。"文心经典"原著和作者等资料的查证与信息的获得是非常不易的,但在此过程中,我们得到了中国国家图书馆、上海鲁迅纪念馆、复旦大学图书馆、上海图书馆等的支持,非常难得,非常宝贵!

"文心经典"丛书的出版,亦得益于贾为敏先生的不懈努力。"文心经典"著作的选择、原著版本的甄别、有关资料的获取、相关权益人的联系等,都困难重重;丛书编校工作的统筹、出版各环节的协调等,也同样艰巨与繁重。他为此付出了令人难以想象的艰辛劳动,其对作者的尊重、治学态度、执着求索、奉献精神令人称赏。

"文心经典"丛书的出版虽然一波三折,然而得到了众多的宝贵支持,谨在此,"文心经典"项目组向所有关心支持"文心经典"丛书出版的机构与人士致以诚挚的谢意!

注校及版本说明:"文心经典"丛书的编校,以保持原著原貌为基本原则,作者著述行文之文字,不以现代汉语规范、现代出版规范、语言习惯而规范之、统一之、现代之，但可视其情况作脚注；行文、标点、序数词语等若错乱的，可视情况更改，一般不作脚注；作者引用典籍之文字，可按原著原版校对，也可视情况校勘，一般不作脚注。本书以《习作初步》棠棣出版社 1953 年 8 月初版为底本。吴月梅女士为本书做注校。

"文心经典"丛书难免会有一些瑕疵，诚望各位专家学者批评指正。联系邮箱：zwjxyjktz@126.com。

作文教学研究课题组

"文心经典"项目组

2016 年 7 月

图书在版编目(CIP)数据

习作初步 / 谭正璧著. — 郑州 : 文心出版社,
2017.1 (2019.1重印)
(文心经典 / 顾之川主编)
ISBN 978 - 7 - 5510 - 1283 - 6

Ⅰ.①习… Ⅱ.①谭… Ⅲ.①作文课 - 中学 - 教学参
考资料 Ⅳ. ①G634. 343

中国版本图书馆 CIP 数据核字(2016)第 160253 号

出版社:文心出版社
    (地址:郑州市经五路 66 号   邮政编码:450002)
发行单位:全国新华书店
承印单位:北京博海升彩色印刷有限公司
开本:850 毫米 ×1168 毫米   1 / 32
印张:11
字数:211 千字
版次:2017 年 1 月第 1 版   印次:2019年1月第 3 次印刷

书号:ISBN 978 - 7 - 5510 - 1283 - 6   定价:27. 50 元